PRACTICAL GUIDE TO
STUDENT RECORDS MANAGEMENT

学生档案管理实操手册

以北京联合大学为例

周彤　姜素兰　陈锦　严昉　赵君怡　王佳　编著

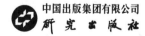

中国出版集团有限公司
研究出版社

图书在版编目（CIP）数据

学生档案管理实操手册：以北京联合大学为例／周
彤等编著． -- 北京：研究出版社，2025.1． -- ISBN
978‐7‐5199‐1742‐5

Ⅰ．G647.24‐62

中国国家版本馆 CIP 数据核字第 2024H6G767 号

出 品 人：陈建军
出版统筹：丁　波
责任编辑：赖婷婷

学生档案管理实操手册：以北京联合大学为例

XUESHENG DANGAN GUANLI SHICAO SHOUCE：YI BEIJING LIANHE DAXUE WEILI

周　彤　等　编著

研究出版社出版发行

（100006　北京市东城区灯市口大街 100 号华腾商务楼）

北京建宏印刷有限公司印刷　新华书店经销

2025 年 1 月第 1 版　2025 年 1 月第 1 次印刷

开本：710 毫米×1000 毫米　1/16　印张：10.75

字数：200 千字

ISBN 978‐7‐5199‐1742‐5　定价：58.00 元

电话：（010）64217619　64217652（发行部）

序

习近平总书记强调，要牢牢把握高质量发展这个首要任务，因地制宜发展新质生产力。人才是新质生产力的关键要素，高等教育亦是人才培养的重要阶段。学生档案管理是检验高校人才培养质量过程中必不可少的环节。

学生个人档案是指学生在校管理活动中形成的，记述和反映学生个人经历、德能勤绩，以个人为单位保存起来以备查考的文字、表格和其他形式的历史记录。学生个人档案是国家和社会选拔聘用人才的重要依据，也是干部（职工）人事档案形成的基础。档案的完整性，档案的真实性，档案的"厚度"和"深度"直接关乎学生职业的高质量发展，关乎我国高等教育人才资源的充分利用，以至关乎整个社会的繁荣稳定。

学生档案是学生的一张闪亮名片，是学生成长发展的身份证明。如何让这张名片熠熠生辉？北京联合大学坚持围绕"立德树人"根本任务，深化新质生产力理论内涵和实践要求，将自身特色优势与本土需求紧密结合，因地制宜地普及档案管理者和学生工作者的学生档案管理实操技能，为推动学校学生工作和档案事业高质量发展提供人才支撑和档案实操技术支撑，落实学校"文化润校"战略，助力有温度的高水平应用型大学内涵式发展，提升档案事业新质生产力。

2024年7月

目　录

第一章　人事档案概述

一、人事档案的概念……………………………………　4

二、人事档案的重要性……………………………… 11

三、人事档案的内容………………………………… 16

四、人事档案的特点………………………………… 20

第二章　学生档案概述

一、学生档案的概念………………………………… 26

二、学生档案的重要性……………………………… 27

三、学生档案的内容………………………………… 28

四、学生档案的特点………………………………… 30

五、学生档案与人事档案的关系…………………… 32

六、学生档案和人事档案的作用…………………… 34

第三章　学生档案的形成

一、学生档案材料的种类…………………………… 39

二、学生档案材料的收集……………………………… 55

三、学生档案材料的查补……………………………… 93

四、学生档案材料收集的数据化管理……………… 105

第四章 学生档案的利用

一、学生档案利用的原则……………………………… 113

二、学生档案利用的事由……………………………… 114

三、学生档案利用的方式……………………………… 116

四、学生档案利用的流程……………………………… 121

第五章 毕业生档案的管理

一、毕业生档案的重要性……………………………… 129

二、毕业生档案的内容………………………………… 130

三、毕业生档案的转递………………………………… 132

四、学生档案转递规范………………………………… 140

第六章 学生档案的整理保管

一、学生档案的管理模式……………………………… 149

二、学生档案的整理规范……………………………… 152

三、学生档案的保管规范……………………………… 159

参考文献……………………………………………… 164

后 记………………………………………………… 165

第一章

人事档案概述

档案，是过去和现在的国家机构、社会组织以及个人从事政治、经济、科学、技术、文化、宗教等活动直接形成的，对国家和社会有保存价值的各种文字、图表、声像等不同形式的历史记录。

 知识链接

档案一词的由来

　　"档案"一词在明朝以前还未出现。商代称其为"册"，周代称其为"中"，秦代称其为"典籍"，汉魏以后称其为"文书""文案""案牍""簿书"等。根据现有史料，"档案"一词最早见于清代。现存清代档案康熙十九年（1680年）的《起居注》中出现了"档案"一词。有关它的文字表达最早见于杨宾所著的《柳边纪略》，约成书于清康熙四十六年（1707年）。

我们身边的档案

　　文物就是档案：收藏于各个类型博物馆的文物、景区的历史文化痕迹，都属于人类历史文明的记录，都属于档案的范畴。

　　档案馆：位于北京的中国第一历史档案馆主要保管明清时期的档案，位于南京的中国第二历史档案馆主要保管民国时期档案和国民政府遗留在南京的档案。各省、市、县级综合档案馆主要保管各自行政区域内的综合性档案。各类型的专业档案馆，如中国照片档案馆、中国电影资料馆、中国人民解放军档案馆、北京市城市建设档案馆等，保管各自专业领域档案。

档案室：各机关、企事业单位、乡镇、村按照要求应当成立档案工作机构，也就是通常所说的"档案室"，档案室保管各个单位形成的档案。属于综合档案馆接收范围的档案，在档案室保管十年后向综合档案馆移交。

档案是社会生活的真实记录，是最原始、最权威且具有特殊价值的信息资源，是人们认识和把握客观规律的重要依据。

一、人事档案的概念

1.人事档案的定义

人事档案是由组织、人事或人力资源管理部门在人事管理活动中形成的，经组织审查或认可的，记述和反映一个人的主要经历、思想品德、学识能力、工作表现等方面情况，以个人为单位集中保存起来，以备查阅和使用的文字、表格及其他各种形式的历史记录材料。

人事档案是档案的一种特殊形式，具备一般档案的基本特征，忠实记录和反映了个人的德能勤绩廉等综合情况，是历史地、全面地了解和考察一个人的必要手段，具有重要的凭证和参考价值，是人力资源开发、配置利用和预测的重要依据，有着不可替代的作用。

2.人事档案的价值

人事档案是我国人事管理制度的一项重要特色，它是个人身份、学历、资历等方面的证据，与个人工资待遇、社会劳动保障、组织关系紧密挂钩，具有法律效用，是记载人生轨迹的重要依据。

人事档案具有重要的凭证价值和参考价值（如图1-1所示），是用人单位进行人员选拔、任用、考核等工作的重要依据。同时，个人需要的司法公证、转正定级、职称申报、开具证明、函调政审、退休手续与养老保险等的办理也都需要用到人事档案。因此，人事档案是个人和组织的重要管理工具，它不仅是了解个人情况的主要途径，也是进行人力资源管理、制定人才政策的重要依据。随着社会进入信息时代，市场人力资源的合理配置、企业的人事管理和人才培养、日趋社会化的人事管理和社会保障工作都需要以真实、科学的人员信息为依据和支撑，这些信息的获取和利用都离不开人事档案工作的有效运转。

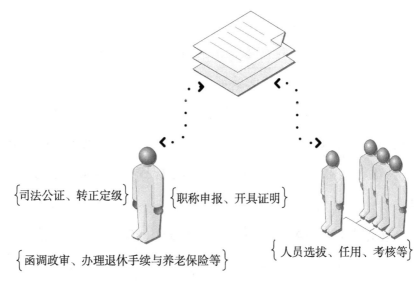

图 1-1　人事档案的价值体现

人事档案管理以贯彻执行党的干部路线、方针、政策为原则，为选贤举能，知人善任，历史地、全面地考察了解和正确地选拔使用干部服务。

 知识链接

人事档案的历史变迁

人事档案来源于最初的人事管理活动，它随着官吏选拔制度的形成而产生，是古代选拔、任用、考核、控制文武官员的重要依据，随着人才选拔制度的完善而逐步发展。

殷商的甲骨刻辞中有殷官制的记载，在金文档案中还有商王对官员的册命、诰命、赏赐等记述，是目前可见的最早的人事档案。而西周"荐书"、战国时期的"计书"等均是当时重要的官员考核材料。

秦汉时期在人才的选拔任用过程中形成了"令甲"、"功令状"、"铁券"、考课和画像等不同种类和内容的人事档案。汉高祖刘邦在起义时，对官兵将领建立个人册籍，将他们的表现和功绩记录下来，作为以后论功行赏的依据。刘邦即位后凡备选的"贤士大夫"要署"行"（品行）、"义"（仪表）、"年"（年龄），这种登记了"行""义""年"的材料，是我国最早的人事档案。

魏晋南北朝时期，九品中正制成为这一历史时期选配官吏的主要制度。汉代选官制度中的考试、试用、考察等传统且行之有效的方法完全被抛弃。人事档案的职能和作用在许多方面又被谱牒所代替，这是人事档案发展历程中的一段弯路。

唐代在选官用人方面发展了隋的科举制度并有一套新的制度和办法。入仕的官员都要将名籍、履历、考绩、授官、政绩等情况详细记录归档，这种档案就叫"甲历"，也称"官甲"或"甲敕"。为保管甲历，唐朝专门设立了甲库，这是我国古代最早的、专门的人事档案库。唐还建立了甲历副本和分库保管的制度。五代时甲历的做法仍在沿用。

宋代皇帝设有"人才簿"，作为选拔人才之用。元代在考核官员时建立了考功历制度，即发给每级官吏印纸历子一卷。吏部根据考功历定优劣，决定任命。这种考功历与现在的履历表及干部档案有相似之处。

明代的人事文书称"贴黄"，即官员的履历表，是考核、任用、封赠官员的依据。

清代的官员档案材料主要有履历材料、考课材料、投供材料、给凭材料、奖励材料（称作"功牌"）、退休材料等。到了清末，照片已开始作为人事档案材料归档。宣统三年（1911年）谕旨规定：凡内阁派遣官员，应一律废除以前所采用的填写履历、核对笔迹的办法，改用查对照片。人事档案的内容和制作材料有了新的发展。

3.人事档案的属性

如图1-2所示，人事档案的属性是构成人事档案的基本要素，也是识别和判定人事档案材料的理论依据。这些属性相互联系、相互制约。

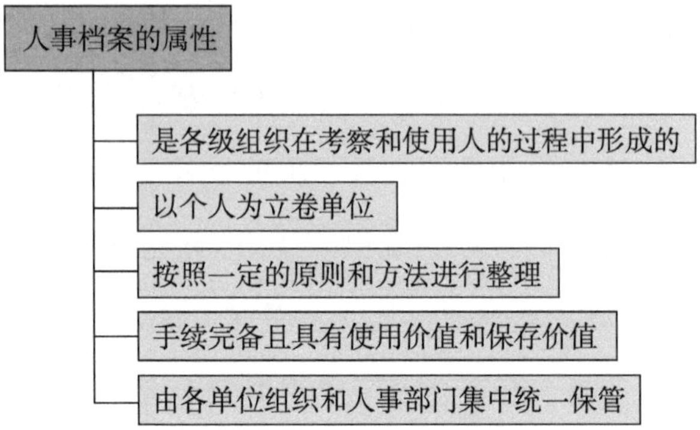

图 1-2　人事档案的属性

（1）是各级组织在考察和使用人的过程中形成的。人事档案是各级组织在考察和使用人的过程中形成的，经组织审查或认可，对个人经历和德才表现情况的真实记录。例如，各级组织会定期或不定期地布置填写或撰写履历表、登记表、鉴定表、学习工作总结、思想汇报以及年度考核表等；组织为审查某人的政治历史问题，就需要通过有关人员、有关单位和知情人了解情况，索要证明材料，然后根据这些材料和有关政策对其作出适当的审查结论和处理决定；在使用人的过程中，如调动、任免、晋升等都要经过一定的审批手续，就产生了呈报表、审批表等材料。所有上述材料均属于人事档案材料。

（2）以个人为立卷单位。以个人为立卷单位是人事档案的外部特征，是由人事档案的作用决定的。人事档案是一个组织了解人、任用人的重要依据，是个人经历和德能勤绩等情况的全面真实记录。只有将反映一个人经历和德才表现的全部材料集中起来，整理成册，才便于历史地、全面地了解这个人，进而正确地使用这个人。

（3）按照一定的原则和方法进行整理。按照一定的原则和方法对个人材料进行整理是个人材料转化为人事档案的先决条件。个人材料犹如一堆原材料，人事档案则是按照一定的程序和规格加工出来的产品，这种经过整理的人事档案不再是繁杂无序的材料，而是具有一定规律的有机体。当然，这种整理必须依照一定的原则和办法进行。

（4）手续完备且具有使用价值和保存价值。人事档案材料要按照一定的移交手续进行交接和处理。在日常的人事档案材料收集鉴别工作中，经常会遇到材料手续不全的棘手问题。例如，呈报表有呈报意见而无批准机关意见，履历表没有组织签署意见或没有盖章，政历审查结论和处分决定没有审批意见，入党志愿书没有介绍人意见等。这些材料虽然也有人事档案的某些属性，但从本质上看，它们不具有或不完全具有人事档案的可靠性，不能作为考察和使用人的依据，因而不是人事档案材料，或者说还没有完全转化为人事档案材料，有的只能作为备查的资料，有的可以作为反映工作承办过程的材料存入机关文书档案。如果有的材料确实已经审批，但由于经办人员不熟悉业务或责任心不强而没有签署意见或盖章，可以补办手续，这种补办手续的过程就是完成向人事档案转化的过程。手续完备的个人材料是否能转化为人事档案，还要看这些材料是否具有使用价值和保存价值。

（5）由各单位组织和人事部门集中统一保管。人事档案是组织上在考察和使用人的过程中形成的，记载着有关知情人为组织提供的情况。人事档案材料的内容一般只能由组织掌握和使用，同时，人事档案作为人事工作的工具，必须由人事部门（泛指组织部门或人力资源部门等一切管理人员的部门）按照人员管理范围分级集中统一保管。这是人事档案管理工作的基本原则，也是人事档案区别于其他档案的显著标志之一。任何个人不得保管人事档案，业务部门和行政部门也不宜保管人事档案。

4.人事档案的种类

人事档案属于一种专门档案（专业档案），是组织和人事部门领域形成的档案，其内容自成体系，反映人事管理方面的情况。

传统的人事档案以个人身份为依据，分为干部档案、工人档案、学生档案和军人档案四大类。

这几类档案里，干部档案是主体和核心，其他类档案均参照干部档案管理方式进行。2018年11月中共中央办公厅印发的《干部人事档案工作条例》，对干部人事档案工作的体制机制、内容建设、日常管理、利用审核、纪律监督等加以规范完善，是新时代全国各级各类干部人事档案工作的基本遵循。同时，这些原则、要求和办法一般适用于其他类型人事档案的管理工作，也是人事档案管理工作的根本法规。

随着现代社会的发展和国家人事制度的改革，人事档案的范围更加广泛，新的分类标准也应运而生，比如按工作单位性质、职责和专业，工作单位的稳定性，是否在岗，载体形式等进行分类。

有问必答

问：哪些人事档案属于流动人员人事档案？

答：以下情形属于流动人员人事档案。

非公有制企业和社会组织聘用人员的档案；

辞职辞退、取消录（聘）用或被开除的机关事业单位工作人员档案；

与企事业单位解除或终止劳动（聘用）关系人员的档案；

未就业的高校毕业生及中专毕业生的档案；

自费出国（境）留学及其他因私出国（境）人员的档案；

外国企业常驻代表机构的中方雇员的档案；

自由职业或灵活就业人员的档案；

其他实行社会管理人员的档案。

有问必答

问：人事档案有什么作用？

答：人事档案除了供用人单位考察录用人员，也是维护个人权益和福利的凭证。无论是工作调动、考研、考公务员，还是申请职称评定、考资格证、工龄认定、社保办理、住房补贴发放、入党、办理退休等，都要用到它，所以大家可千万不能大意！

二、人事档案的重要性

随着2014年以来的干部人事档案专项审核工作的开展和2018年《干部人事档案工作条例》的颁布，人事档案的重要性日益凸显，对人事档案的管理也更为规范、严格和科学。人事档案的重要性体现在多个方面（如图1-3所示），人事档案具有法律效用，是个人身份、学历、资历等方面的证据，对个人的工资待遇、社会劳动保障、组织关系等有重要影响，是维护个人合法权益的重要依据；人事档案也是社会信用体系的重要组成部分，在干部人才合法权益维护、选拔任用、管理监督以及评鉴等方面发挥着重要作用。

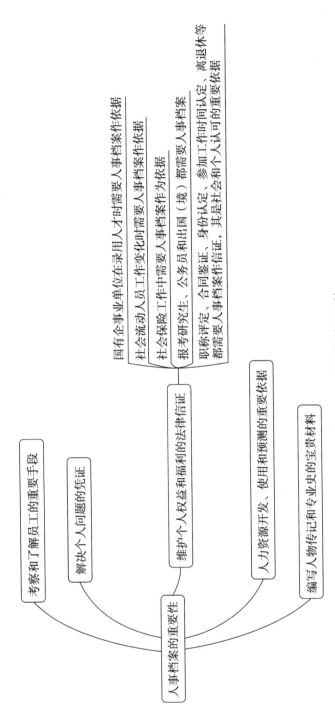

图 1-3　人事档案的重要性

1.考察和了解员工的重要手段

人事档案为用人单位提供了全面了解员工个人经历、社会关系、工作表现、业绩、品行道德、特长、奖惩情况等的手段，帮助用人单位在开发人力资源、量才录用、选贤任能时做出更科学的决策。

2.解决个人问题的凭证

由于种种原因，在现实生活中，有关部门和人员有时会对个人形成错误的认识，甚至造成冤假错案或历史遗留问题。作为个人历史与现实的原始记录，人事档案为考查了解和处理这些问题提供可靠的线索或凭证。

3.维护个人权益和福利的法律信证

当前社会活动中，许多手续的办理都需要提供人事档案。

（1）国有企事业单位在录用人才时需要人事档案作依据。这些单位在办理录用或拟入人员手续时，必须先经主管部门审批本人档案和调动审批表，再由组织和人事部门开具录用或调动通知才能办理正式手续。

（2）社会流动人员工作变化时需要人事档案作依据。流动人员到非公有制部门后又要回到公有制部门时，若没有原来的人事档案，工龄计算、福利待遇等都会受到影响。

（3）社会保险工作中需要人事档案作为依据。随着社会保险制度的建立和完善，在养老保险、医疗保险、生育保险、工伤保险、失业保险及退休后保险金的发放问题上，个人档案中记录的工龄、工资、待遇、职务、受保时间等都成为主要依据。如发生弃档或断档，个人的社会保障福利将可能受到损失。

（4）报考研究生、公务员和出国（境）都需要人事档案。个人在研究生、公务员的报考和录取（用），以及出国（境）人员的身份认定、政审等过程中，必须出具记录个人经历、学历和成绩的人事档案材料或相关有效证明。

（5）职称评定、合同鉴证、身份认定、参加工作时间认定、离退休等都需要人事档案作信证，其是社会和个人认可的重要依据，能够避免个人切身利益受到损害。

4.人力资源开发、使用和预测的重要依据

人事档案能较为全面准确地反映一个人各方面的情况，因此，可以从人事档案中获得某个地区、某个系统、某个单位的人力资源数量、文化程度、专业素质等方面的数据，用相关数据进行科学的统计分析，可以揭示人力资源队伍的总体变化规律，为人力资源的开发使用、发展趋势预测和相关规划制定提供准确丰富的信息和依据。

5.编写人物传记和专业史的宝贵材料

人事档案是组织和人事部门在考察和使用人的过程中形成的，其中还有个人自述或有关材料，内容真实，情节具体，时间准确。在研究党和国家人事工作、党史、军事史、地方史、专业史以及撰写名人传记等方面具有很高的史料价值，是印证历史的可靠材料。

因此，人事档案不仅是个人历史和成就的记录，也是社会和个人发展的重要支撑。

▼ 案例解读

案例：我事业单位有名职工，一直在我校工作，但劳动合同、待遇发放、人事关系一直是在某企业，简单说关系不在我校。最近该职工新考入我单位编制，但是在人事档案整理审核过程中，我们发现他只有学生时期档案，有报到证却无工作痕迹，没有考核资料、工资变动情况。他的原单位说"他人不在我这，我们没有他工资情况"，档案原本在人才中心，人才中心也说这些不是他那负责。那请问，我需要跟他要什么材料吗？

解读：他之前的工作经历并未在您的学校产生实际的劳动合同、待遇发放和人事关系记录，因此需要重点关注他入职前的相关材料补充。

工作经历证明材料。首先需要他提供从该企业离职的离职证明或在该企业工作的工作证明，以证明其工作经历的真实性。如果可能，还需要他提供在该企业工作期间的劳动合同、社保缴纳记录等，以进一步核实其工作经历。

考核资料。可以与该员工沟通，看其是否有个人保存的考核资料或相关证明材料，如年度考核表、工作评价等。如果无法提供具体的考核资料，可以要求他提供一份书面说明，解释为何无法提供这些资料，并承诺所提供信息的真实性。

工资变动情况。工资变动情况是人事档案中的重要内容，但由于原单位表示无法提供，您可以要求该员工提供个人银行账户的工资流水记录作为工资发放和变动的证明材料。如果员工无法提供完整的工资流水记录，可以要求其提供能证明其工资水平和变动情况的相关材料，如个人所得税纳税证明等。

其他相关材料。除了上述材料，还可以要求该员工提供个人自传或工作总结等材料，以帮助了解其过往工作经历和个人情况。如果该员工在入职前有过其他单位的工作经历，也需要他提供相应的工作证明材料。

三、人事档案的内容

人事档案内容应根据人事工作以及社会经济发展需要，保证真实准确、全面规范、鲜活及时。根据中共中央办公厅2018年发布的《干部人事档案工作条例》第十九条的规定，人事档案的内容主要包括以下十大类（如图1-4所示）。

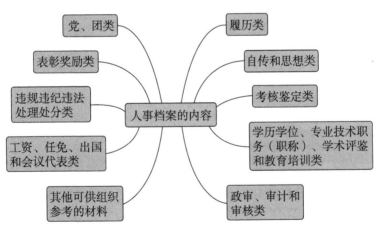

图1-4 人事档案的内容

第一类 履历类材料

干部履历表（书）和属于履历性质的登记表（简历表）等材料。主要包括以反映干部本人自然情况、经历、家庭和社会关系等基本情况为主要内容的材料；干部、职工、教师、医务人员、军人等各类人员登记表；个人简历；更改姓名的材料。

第二类　自传和思想类材料

自传和属于自传性质的材料，是由本人撰写的叙述自己经历、思想变化过程，报告个人有关事项、社会关系等情况的材料。

第三类　考核鉴定类材料

以鉴定为主要内容的登记表，由组织出具的职工表现材料。主要包括干部人事管理工作中，组织、人事部门通过各种途径，对干部德能勤绩进行考察和评价的材料。归入本类的材料，必须是经过组织研究认可后正式形成的，手续完备，能正确、历史地反映干部实际情况，具有查考价值的鉴定、考察、考核材料。主要有平时考核、年度考核、专项考核、任（聘）期考核，工作鉴定，重大政治事件、突发事件和重大任务中的表现，援派、挂职锻炼考核鉴定，党组织书记抓基层党建评价意见等材料。

第四类　学历学位、专业技术职务（职称）、学术评鉴和教育培训类材料

报考高等学校学生登记表、入学登记表、成绩表、毕业登记表、学历证明材料、选拔留学生审查登记表；职业资格考试合格人员登记表或职业（任职）资格证书复印件、专业技术职务任职资格评审表、申（呈）报表、聘任专业技术职务审批表等；反映科研学术水平的材料，创造发明、科研成果、著作及有重大影响的论文评价材料和目录；培训材料。

第五类　政审、审计和审核类材料

干部审查和干部基本情况更改形成的材料。主要有政治历史情况审查，领导干部经济责任审计和自然资源资产离任审计的审计结果及整改情况，履行干部选拔任用工作职责离任检查结果及说明、证明，干部基本信息审核认定、干部人事档案任前审核登记表，廉洁从业结论性评价等材料。

第六类　党、团类材料

参加党、团组织的有关材料。主要有《中国共产党入党志愿书》，入党申请书，转正申请书，培养教育考察，党员登记表，停止党籍、恢复党籍，退党、脱党，保留组织关系、恢复组织生活，《中国共产主义青年团入团志愿书》，入团申请书，加入或者退出民主党派等材料。

第七类　表彰奖励类材料

表彰和嘉奖、记功、授予荣誉称号，先进事迹以及撤销奖励等材料。主要包括县处级以上党政机关、人民团体等予以表彰、嘉奖、记功和授予荣誉称号的审批（呈报）表、先进人物登记（推荐、审批）表、先进事迹材料；撤销奖励的有关材料等；工资、待遇材料（享受政府特殊津贴的材料）。

第八类　违规违纪违法处理处分类材料

主要有党纪政务处分，组织处理，法院刑事判决书、裁定书，公安机关有关行政处理决定，有关行业监管部门对干部有失诚信、违反法律和行政法规等行为形成的记录，人民法院认定的被执行人失信信息等材料。

第九类　工资、任免、出国和会议代表类材料

主要有工资待遇审批，参加社会保险，录用、聘用、招用、入伍、考察、任免、调配、军队转业（复员）安置、退（离）

休、辞职、辞退，公务员（参照公务员法管理人员）登记、遴选、选调、调任、职级晋升，职务、职级套改，事业单位管理岗位职员等级晋升，出国（境）审批，当选党的代表大会、人民代表大会、政协会议、群团组织代表会议、民主党派代表会议等会议代表（委员）及相关职务等材料。

第十类　其他可供组织参考的材料

主要有毕业生就业报到证，工作调动介绍信，国（境）外永久居留资格、长期居留许可等证件有关内容的复印件和体检表等材料。

 知识链接

档案形态演变

甲骨档案：甲骨档案指刻在龟甲、兽骨上的文字材料，是我国现存年代最为久远的档案。甲骨档案具有硬度大、耐久性强等特点。

金文档案：金文档案是继甲骨档案后又一种珍贵的历史档案。青铜器上铭文铸字在商朝就已出现，到了西周时期，中国的青铜器发展进入鼎盛时期，此时刻于青铜器上的文字数量增多，记事内容广泛，具有了书史的性质。

缣帛档案：中国是丝绸的故乡，缣帛档案独具特色。随着丝织业的发展，战国时期已开始用缣帛作为书写材料，秦汉时期使用更多。可由于价格昂贵，一般为官方或者富贵人家所使用。

简牍档案：简牍档案是指以竹木为载体形成的文字材料。

"简"是指狭长的竹片或木片；"牍"是指方形木片，主要用于一般公务文书。"策"是指若干片简编联在一起，用于记录国家重大政事和书写典籍。

石刻档案：早在先秦时期，人们就开始用石材作为记事载体材料，到了秦代，石刻不仅形制扩大，且数量增多，内容广泛。此时的刻石完全具有了档案的性质。自秦代大兴石刻档案后，历代都把刻石作为发布政策、记载国政大事的最好的传世材料。

纸质档案：纸质档案主要是指以纸张为载体的书写材料。纸张的类型由造纸所使用的原料决定。

照片档案：照片档案主要是胶片、银盐感光材料形成的照片以及现在流行的数码照片，其通过图像来保存、记录历史。

音像档案：音像档案主要是指以磁带、磁盘等为载体，记录事件发生的音频、视频。

电子档案：具有凭证、查考和保存价值并归档保存的电子文件。电子文件由背景、内容、结构组成，是通过计算机等电子设备形成、办理、传输和存储的数字格式的各种信息记录。

四、人事档案的特点

人事档案具备一般档案最基本的特征（如图1-5所示），具有原始记录性和社会服务性，起着其他文化形式不可替代的作用。

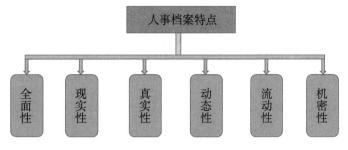

图1–5　人事档案的特点

1.全面性

人事档案收存了个人的履历、自传、鉴定、考核、政治历史、入党入团、奖励、处分、任免、工资等方面的有关文件材料，全面地反映了个人的成长轨迹、工作表现、思想品质等方面的情况。总之，人事档案是个人信息的储存库，是了解个人全面情况的重要窗口。

2.现实性

人事档案不仅是对个人历史的记录，更是为现实的人事管理工作服务的重要依据，是组织（人事）部门正确使用人才、合理确定薪酬等的重要依据。通过对人事档案的查阅和分析，可以了解个人的能力、特长、优点和不足，其在人才选拔、任用、考核等工作中起着不可替代的作用。反映现实并直接为现实工作服务是人事档案的一个重要特性。

3.真实性

这是人事档案现实性的基础。人事档案是个人成长过程中的真实记录，能够客观公正地还原个人成长经历。人事档案必须做到整体内容完整齐全、个体材料客观真实，如此才能成为用人单位（社会组织）了解和使用干部、职工的重要参考依据。

4.动态性

人事档案立卷后，其内容不是静止的，而是动态的。随着个人成长和工作经历的变化，人事档案中也会不断增加反映个人履历新情况的文件材料，比如职称晋升、奖励等材料。这种动态性使得人事档案始终保持与现实的紧密联系。因此，人事档案必须注意做好新材料的收集补充，力求缩短档案与个人实际情况的"时间差"。

5.流动性

随着时代的发展，人们的就业空间更加广阔，人员流动更加频繁。随着人员的流动，人事档案也需要转移和管理，人事档案的管理与个人的人事管理相统一才便于发挥人事档案的作用。这种流动性要求人事档案管理部门必须建立健全档案管理制度和流程，确保档案的完整性和连续性。比如变动工作单位或出国（境）上学时，如果人事档案管理权限发生变动，就需要原档案管理单位将个人人事档案转往现管理部门，即"档随人走"，以便于查阅利用。

6.机密性

人事档案全面记载了个人成长的全部情况及家庭成员的部分信息，涉及个人的隐私和权益，比如社会关系、工资待遇等都涉及个人隐私，为保证社会安定，维护公民的隐私权，必须严格保密，不允许随意查阅利用，防止信息泄露和滥用。

任何单位和个人都应当严格遵守人事档案的保密规定，严格管理，以确保个人权益和国家利益不受侵犯。

总的来说，人事档案的特点使其在人才管理和人力资源管理中发挥着不可替代的作用。"

第二章

学生档案概述

学生档案是教育单位不可或缺的组成部分，它不仅对学校的管理至关重要，而且关乎学生的切身利益。学生毕业后，工作、学习、生活都要用到人事档案，如职称评定、确认工龄、转正定级、政审、公证等。

目前，全国各高校对学生档案的管理主要依据2008年教育部和国家档案局联合颁布实施的《高等学校档案管理办法》（第27号），该办法规范了高等学校的档案管理工作，提高了高校档案管理和利用水平，其还将学生档案纳入归档范围，是高校学生档案管理的纲领性文件。

 知识链接

档案工作何以谓"兰台"

兰台最早为战国时期楚国的台名，其上建有宫殿。汉代皇宫内建有藏书的石室，称为"兰台"，隶属于御史府，由御史中丞管辖，置兰台令史。

兰台典藏十分丰富，包括皇帝诏令、臣僚章奏、国家重要律令、地图和郡县计簿等。东汉明帝时班固为兰台令史，受诏撰史。其后，一批又一批学者先后任兰台令史，他们在兰台管理档案、点校秘书、编著史书。唐高宗曾将秘书省改称"兰台"。

兰台对后世影响很大。后人从此引申，将宫廷内的典籍收藏府库、史官和史官机构称为"兰台"。兰台典藏档案最初是为监察弹劾官员，所以御史台也被称为"兰台"。后经历史演变，"兰台"一词就成了档案工作的别称。

一、学生档案的概念

1.学生档案的定义

学生档案是指学生的个人档案，是学校在对学生培养过程中形成的记述和反映学生的学习经历、思想品德、政治面貌、科技素养、专业素养、社会能力、身体状况、诚信状况等，以学生为单位集中保存起来以备查考的文字、图表及其他各种形式的，具有保存价值的原始真实记录，是国家和社会选拔聘用人才的重要依据，也是干部（职工）档案形成的基础。

2.学生档案的价值

学生档案是学生在校期间形成的，反映学生德能勤绩及家庭背景的书面材料，是非常宝贵的个人信息资源，它在个人就业、升学、出国、转正定级、职称评定、工龄核算等方面起着重要的凭证作用。学生档案中的成绩单、年度品行鉴定表、奖惩材料等，能够客观真实地反映学生的学习情况、政治思想表现、社会实践状况、家庭背景等。这些信息有利于学生工作者全面了解学生情况，使其更好地发掘学生潜能；有利于用人单位了解应聘者个人信息，得知应聘者的思想道德水平、知识能力等情况。

学生档案管理是学校档案管理中的一项重要工作，是检验学校人才培养质量必不可少的环节之一，是高校学生教育管理的重要组成部分。

二、学生档案的重要性

高校学生中存在一种比较普遍的现象，就是学生对自己的档案不了解也不关心，有些学生毕业后将档案放在人才服务机构不闻不问，有些学生毕业几年了，档案还在学校，甚至还有学生将档案放在家里，更严重的情况是有些学生根本不知道自己的档案在何处，出现所谓的弃档、死档、口袋档案等，似乎"档案没什么用"，其实不然。《干部人事档案材料收集归档规定》（中组发〔2009〕12号）规定，干部人事档案是由相应的干部人事档案工作机构以其入党、入团，录用、聘用，以及中学以来的学籍、奖惩和自传等材料为基础建立档案正本而成，因此，作为干部人事档案重要形成基础的学生档案，必然对干部人事档案产生直接影响。现在，国有企事业单位招聘，公务员考录，征兵，研究生招生等事项都要审查档案，并以其记载的个人学习经历作为甄选录取的重要证据。此外，档案里面有个人在各个学习阶段的学籍、成绩单、鉴定、获奖证明、党团材料等，这些材料都是原始材料，不可复制。总之，学生毕业的时候，学生档案具有不可替代的作用，应给予足够的重视。

1.招聘和录用

帮助用人单位了解应聘学生，提供应聘学生的学历、经历、奖惩等背景信息，辅助做好招聘录用工作。

2.选拔和使用

帮助用人单位了解员工在教育培训、工作经历、业绩考核、职称评定、奖惩等方面的信息，比如干部录用、提拔、调任等都需要审查人事档案。

3.政审和考察

为机关企事业单位提供存档人员录用（聘用）考察、人才引进审查、公务员招录用审核、因公出国（境）政审、为部队提供征兵入伍人员政审、为党组织提供入党政审、为学校提供录取政审等。比如报考公务员、事业单位、"三支一扶"、"大学生志愿服务西部计划"、"大学生村官"等，都需要政审档案。

4.协助办理社会保险和退休

办理社会保险业务过程中，可通过查阅人事档案核实视同缴费年限等情况。比如办理养老金领取的时候，要经过档案的审核，工龄、工资、待遇、职务、社保受保时间等都是以个人档案的记录为依据的。例如退休时需要依据档案认定个人出生时间，从而确定退休时间；需要确定个人参加工作时间，从而确定开始缴费或视同缴费的时间以计算养老金金额等一系列有关事项。

5.出具相关证明

其具有人事档案材料凭证、依据和参考作用。档案管理服务机构可依据档案记载为存档人员出具相关证明。

三、学生档案的内容

学生在升学、就业等关键时刻，学生档案为学校和用人单位提供了学生全面、真实、准确的信息，是评价学生综合素质的重要依据，也是国家、社会选拔、任用、考核人才的重要参考依据。

学生档案直接关系到人事档案的完整性和学生的切身利益，符合国家人事工作的要求。学生档案归档材料基本包括但不限于以下内容（如图2-1所示）。

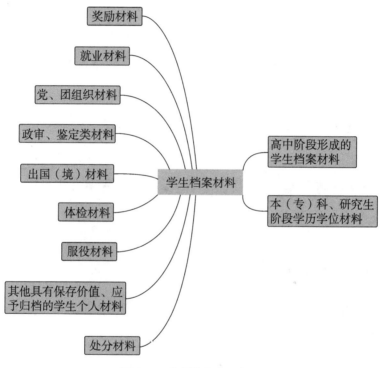

图2-1 学生档案主要内容

有问必答

问：学生考取职（执）业资格证后的相关材料要放入档案吗？

答：为了保证档案的完整性，同时保障档案凭证作用的发挥，学生考取职（执）业资格证后的相关材料应该归档。

参加全国职（执）业资格考试取得职（执）业资格的，应将资格考试登记表原件归档，如果资格考试登记表原件无法收集到，可以将资格证书复印后注明原件存于何处，由单位盖章认定后归档。

 有问必答

问：是否需要将学生的毕业证、学位证复印件存档？

答：一般情况下，有些学校同意授予学位的决定在毕业生登记表中，有些在成绩表中，有些是一份单独的决定。根据干部人事档案整理标准和干部人事档案专项审核工作标准，毕业证、学位证原件由本人保存，学位申请与授予材料应归档。如果没有单独的学位申请与授予材料，就有可能被认定为材料不齐全，学历情况存疑。

四、学生档案的特点

学生档案具有以下几个特点（如图2-2所示）。

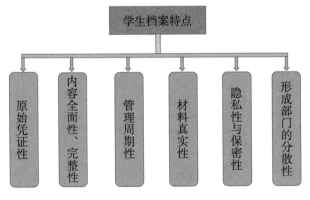

图2-2 学生档案的特点

1.原始凭证性

学生档案具有原始凭证性，在用人单位选拔人才、公务员录用、出国（境）进修以及定职、晋级等过程中具有不可替代的凭证作用。高校毕业生可以凭借学生档案来证明自己在校期间所取得的一系列的成果以及奖罚情况，该档案具有法律效力。

2.学生档案内容的全面性、完整性

学生档案能够全面记录学生的个人成长、思想发展历史，展现学生的家庭情况、专业情况、个人自然情况等方面内容，为学生提供一个全面、真实、准确的个人成长记录。

3.学生档案管理具有周期性

学校管理学生档案的时间主要由学生的学制来决定，具有一定的周期性；学生档案伴随着学生入学转入，直到学生毕业离开时转出，记录学生在校期间的学习情况和成长经历。例如对于本科生而言，其档案在学校的保管时间一般为四年。学生档案材料的形成和收集一般较为规律，可以按自然年或学年将材料归档。

4.材料真实性

学生档案能够真实地记录学生在校的所作所为，所有的记录都有凭有据，能够证明学生在校期间的实际学习状况。

5.隐私性与保密性

学生档案记载了学生的个人情况，其中涉及属于个人隐私的信息。这些信息需要在一定范围内保密，不允许随意查阅、利用。

6.档案材料形成部门的分散性

学生档案材料是由学校多个部门形成的，如高考招生材料是由学校招生部门提供，学生成绩单（表）是由学生所在院系教学部门形成，奖学金材料是由学生处形成，毕业学位材料是由教务处或研究生处形成等。尽管形成学生档案材料的部门多而分散，但这些学生档案材料都是重要的记录内容，通过学校多个部门分散记录后，最终都会集中到学生档案管理部门集中管理保存。

有问必答

问：可以自己保管自己的档案吗？

答：档案不可以自己保管，更不可以私自拆封。如果个别学校将人事档案交给本人转递，毕业生必须尽快将密封的档案交给就业单位，不能"私拆"或"私藏"。否则无法证明材料的真实性。

五、学生档案与人事档案的关系

学生毕业后，学生档案将成为人事档案的重要组成部分。

从概念上来讲，学生档案和人事档案既有非常密切的联系又有一定的区别。

学生档案是学生在校期间学习、思想状况等方面的真实记录，是用人单位选拔、聘用毕业生的重要依据，对毕业生自身、用人单位和国家都有着重要作用。

高校毕业生的学生档案将转化为人事档案。学校会根据学生毕业去向，按照规定的途径将毕业生档案转递到就业单位或委托的人才服务机构，工作单位或个人可以将以后再形成的工作经历、专业技术职称或专业资格等材料补充到档案中，学生档案就成了人事档案。

因此，简单来说学生档案会成为人事档案中重要的一部分，属于人事档案范畴。人事档案包括了学生档案里所有的个人情况，如在校期间学习经历、党团情况、个人基本情况、社会实践情况等。

此外，学生档案与人事档案是相辅相成的，人事档案比学生档案内容更加丰富和全面，更具针对性，除了包括在校学习期间的学生档案内容，还包含了工作之后的经历和表现，比如工资待遇情况，职务情况，社会福利保险情况，科研成果和学术水平，转正定级以及职务晋升、任免情况等一系列相关材料，同个人的切身利益密切相关。

有问必答

问：高校毕业生的学生档案对毕业生有何意义？

答：高校毕业生的学生档案不仅仅是个人的经历、情况的证明，还和毕业生干部身份的拥有、转正定级、职称晋升、工资核定、各项社会福利保险的缴纳等切身利益息息相关。学生档案在转化为人事档案之后，能发挥更大的作用。

学生档案是干部人事档案的原始材料，它是干部人事档案形成的基础，是一个人一生中最早的真实记录。学生档案基本信息一旦形成就要伴随一生。因此，学生档案工作做得如何直接影响干部人事档案的质量。认真做好学生档案的收集、鉴别、整理工作对干部人事档案的形成至关重要，高校学生档案管理部门应高度重视学生档案建设工作，为学生就业提供第一手资料，为干部人事档案的建立提供有价值的原始资料。

六、学生档案和人事档案的作用

学生档案以及之后形成的人事档案见证我们人生的各个重要节点，与本人一生息息相关，它既是甄选人才的重要依据，也是保障个人权益的重要依据。归纳起来，学生档案和人事档案有以下六大功能：

1.保留个人原有干部身份；

2.办理工作调动时需要个人档案；

3.参加公务人员招聘考试，需档案确定身份；

4.办理个人退休手续时，要查看档案记录；

5.是专业职称晋升的参考依据；

6.出国（境）政审和公证时，需要查阅个人档案。

档案和我们每个人休戚相关，关系到大家的切身利益。

 有问必答

问：学生毕业后个人档案必须离开学校吗？

答：学生毕业后，原则上档案应该立即转递离校。为避免给以后的工作、生活带来不必要的麻烦，请不要将档案长期滞留在学校，若有特殊情况，确需档案暂缓转递的，需持经毕业生所在学院负责人和档案馆负责人签字批准的缓寄申请表和档案接收单位出具的档案暂缓转递情况说明办理暂缓转递。暂缓转递的毕业生档案需寄出时，本人需提供书面申请，并由学院负责人或学生所在班级辅导员签字并盖学院章后，到档案馆办理转递手续。

问：学生学籍档案是什么？

答：学籍档案是一名学生在校就读期间产生的学习记录的总和，在学校档案馆里永久保存的学籍档案包括个人的录取信息、在校期间的学习成绩、毕业生登记表等材料内容。具体说来，这些材料贯穿学生由入学到毕业整个过程中最基本的情况。

问：学籍档案办理事项有哪些？

答：不管毕业多久，学生和相关单位都可以在学校档案馆查阅在馆永久保存的学籍档案，获取以下信息：学生录取信息，可以查询、复印专科招生录取材料；学生成绩信息，可以查询、复印专科成绩；学生毕业信息，可以查询、复印专科毕业生登记表。

第三章

学生档案的形成

一、学生档案材料的种类

1.按材料产生、形成时间划分

按照学生档案材料的产生及形成时间，可以将其分为入学材料、上学期间材料、毕业材料。

（1）入学材料。

入学材料是指学生在进入某一学习阶段初期产生的记录招生、录取、入学、体检等相关个人情况的材料（如图3-1所示），一般应包括高中（中专、职中）毕业生登记表、学籍卡、高考报名登记表、高考体检表、高考考生志愿表、高考成绩单、普通高等学校录取新生名册、本科学生登记表/学籍表、硕士入学登记表、硕士录取登记表、推荐免试攻读硕士学位研究生登记表、报考攻读博士学位研究生登记表、推荐免试直接攻读博士学位登记表或在校硕士生提前攻读博士学位申请表、报考博士学位和单独考试的硕士学位研究生专家推荐书、政治审查情况登记表、入学体检表等。

（2）上学期间材料。

上学期间材料是指学生在各学习阶段产生的记录学生学习成绩、思想品德表现、社会活动情况等与学生学习成长息息相关的全部真实记录。

本科阶段
- 高中（中专、职中）毕业生登记表、学籍卡等
- 高考报名登记表、高考体检表、高考考生志愿表、高考成绩单、普通高等学校录取新生名册等
- 本科学生登记表学籍表、入学体检表等

硕士阶段
- 硕士入学登记表
- 硕士录取登记表、推荐免试改读硕士学位研究生登记表
- 政治审查情况登记表
- 入学体检表

博士阶段
- 博士入学登记表
- 报考攻读博士学位研究生登记表
- 推荐免试直接攻读博士学位登记表或在校硕士生提前改读博士学位申请表
- 报考博士学位和单独考试的硕士学位研究生专家推荐书
- 政治审查情况登记表
- 入学体检表

入学材料

图 3-1　入学材料

如图3-2所示，包括本科、硕士、博士等学习阶段的全部课程成绩单，结业、肄业、退学、休学、复学、转学、保留入学资格等学籍变动材料，思想品德鉴定表，奖学金、荣誉称号等奖励材料，社会实践活动报告，学位申请或授予材料，党员发展材料，入团志愿书及入团申请书等。

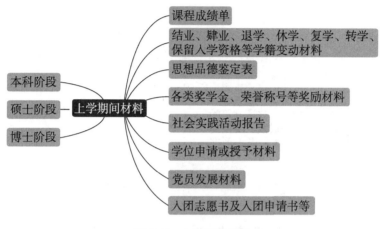

图 3-2　上学期间材料

（3）毕业材料。

毕业材料是指学生在各学习阶段结束前产生的相关材料，如图3-3所示，包括本科阶段的高校毕业生登记表、硕士和博士阶段的毕业研究生登记表、就业通知书（2023年取消）、档案转递通知单、毕业体检表等。

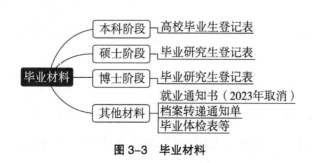

图 3-3　毕业材料

2.按发展过程、学习经历划分

如图3-4所示，按照发展顺序及学生的学习经历，学生档案材料可以分为高中（中专、职中）材料、高考材料、本科材料、硕士材料、博士材料。

1 高中（中专、职中）材料

高中毕业生登记表、高中发展报告、学籍表、高中毕业生基本情况、各学年或学期学分修习情况、中学生社会实践活动登记表、身体素质发展状况、高中毕业生综合素质评价表、课业考试（考查）成绩学分登记表、国家学生体质健康标准登记卡、中学生健康体检表、普通高中毕业会考成绩登记表、体育合格情况登记表、家庭情况调查表、奖惩材料等

2 高考材料

普通高等学校招生考试报名登记表、普通高等学校招生考试体格检查表、普通高等学校考生志愿表、普通高等学校招生考试电子档案、普通高等学校录取新生名册、高考成绩、普通高校录取考生综合信息登记表（河北省）、保送材料等

3 本科材料

高校毕业生登记表、学士学位授予证明、双学位材料、本科毕业设计（论文）成绩及评语、学年鉴定表、学生成绩单、学生（入学）登记表、体检表、社会实践鉴定表、各类奖学金或荣誉称号奖励材料、违纪惩处材料等

4 硕士材料

毕业研究生登记表（硕士）、硕士学位申请表、授予硕士学位登记表、硕士课程成绩单、申请硕士学位论文评阅书、硕士研究生录取名单、研究生思想政治素质和品德鉴定表、硕士研究生入学登记表/研究生登记表、硕士研究生招生考试录取登记表、体检表、实习证明材料、各类奖学金及荣誉称号奖励材料、违纪惩处材料等

5 博士材料

毕业研究生登记表（博士）、博士课程成绩单、博士毕业材料（申请博士毕业人员登记表、博士毕业论文评阅意见、毕业论文答辩委员会决议等）、博士研究生入学登记表、攻读博士学位研究生录取登记表、博士学位研究生入学考试考核记录表、报考攻读博士学位研究生专家推荐书、研究生思想政治素质和品德鉴定表、体检表、各类奖学金及荣誉称号奖励材料、违纪惩处材料等

图3-4 按照时间发展顺序及学习经历划分的学生档案材料

（1）高中（中专、职中）材料。高中（中专、职中）材料是指学生在高中（中专、职中）学习阶段产生的各类学籍材料，主

要包括高中毕业生登记表、高中发展报告、学籍表、高中毕业生基本情况、各学年或学期学分修习情况、中学生社会实践活动登记表、身体素质发展状况、高中毕业生综合素质评价表、课业考试（考查）成绩学分登记表、国家学生体质健康标准登记卡、中学生健康体检表、普通高中毕业会考成绩登记表、体育合格情况登记表、家庭情况调查表、奖惩材料等，部分样例如图3-5、图3-6所示。

（2）高考材料。高考材料是指学生在本科入学前及参加普通高等学校招生全国统一考试（以下简称"高考"）时产生的学籍材料，主要包括普通高等学校招生考试报名登记表（如图3-7所示）、普通高等学校招生考生体格检查表（如图3-8所示）、普通高等学校招生考生志愿表、普通高等学校招生考生电子档案、普通高等学校录取新生名册、高考成绩、普通高校录取考生综合信息登记表（河北省）、保送材料等。

××省普通高中学生学籍表

学校（盖章）：					全国学籍号：			学籍号：			地区号：		
姓名	曾用名	性别	民族	籍贯	身份证号		入学时间	初中毕业学校		中考准考证号		中考成绩	
家庭住址					政治面貌		入党团时间		有何特长				
家长姓名		单位名称		联系电话		个人简历	起止年月		在何校读书			证明人	
转、复、特等变动情况记载	变动类别	变动日期	变动原因		何时受过何种奖励		获奖日期	获奖名称及类别	获奖原因	何时受过何种处分何时撤销？	处分日期	处分原因及类别	撤销日期
综合素质评价		公民道德素养	交流与合作	学习态度与	实践与创新	运动与健康	审美与表现	学业水平测试	语文	数学	外语	科学基础	人文与社会 技术素养
	实证材料							毕业去向					
								毕业评价					

图3-5 普通高中学籍表样例

××市普通高中毕业生基本情况

姓名		曾用名		
性别		出生年月日		
民族		籍贯		
教育ID号				
身份证号				
家庭住址				
户口所在地				
何时何地加入共青团		介绍人姓名		
何时何地加入共产党		介绍人姓名		
在校期间担任的社会工作				

个人简历		
起止日期	在何学校学习	证明人

父母或监护人情况			
姓名	关系	政治面貌	工作单位及职务

图 3-6　普通高中毕业生基本情况样例

××年××省普通高等学校招生考试报名登记表

科类：

报 名 号			姓名		性别		照片
出生日期			学籍号				
民 族			政治面貌				
考生类别			考试类型				
身份证号							
考何种外语			毕业类型				
毕业学校			班级				照片
户口所在地			英语口语				
邮政编码			收件人				
通讯地址							

本人教育背景（高中起）	自何年何月	至何年何月	在何地何单位学习或工作	任何职务	证明人

有何特长	
现阶段班主任或负责人	
高中阶段以来受过何种奖励或处分	

家庭主要成员	关系	姓名	政治面貌	工作单位	任何职务

考生校核签名：＿＿＿＿＿＿＿＿

图 3-7 普通高等学校招生考试报名登记表样例

××省××年普通高等学校招生考生体格检查表

报名号			县（市、区）				照片
姓　名			性别		体检序号		
报名点				班　级			

既往病史（此栏由学生如实填写）	如有则在上栏填写既往病史名称，如"心脏疾患"、"结核"、"慢性肾炎"、"小儿麻痹后遗症"、"哮喘"、"肢体残缺（疾）"、重大手术史的发病时间、病情和治疗情况等，不能只填写"有"，如无则在上栏写"无"，不得留空不填。

眼科	裸眼视力	右： □□ 左： □□	矫正视力	右： □□ 左： □□	矫正度数： □□ D 矫正度数： □□ D	检查者：
	色觉检查	彩色图案及彩色数码检查： □（1、正常 2、色弱 3、色盲） 色觉检查图名称： □（1、喻自萍 2、其他） 单色识别能力检查：（色盲者查此项，1、能识别 2、不能识别） 　红 □　黄 □　　绿 □　　蓝 □　　紫 □				检查者：
	眼病					

内科	血压	□□ / □□ mmHg				检查者：
	发育情况	□（1、良 2、中 3、差）	心脏及血管	□（1、正常 2、其他）		
	呼吸系统	□（1、正常 2、其他）	神经系统	□（1、正常 2、其他）		
	腹部器官	肝 □厘米 性质 □（1、正常 2、其他）	脾 □厘米 性质 □（1、正常 2、其他）			
	其他					

外科	身高	□□厘米	体重	□□千克		检查者：
	皮肤 □（1、正常 2、其他）	面部 □（1、正常 2、其他）	颈部 □（1、正常 2、其他）			
	脊柱 □（1、正常 2、其他）	四肢 □（1、正常 2、其他）	关节 □（1、正常 2、其他）			
	其他					

耳鼻喉科	听力 左 □米 右 □米	嗅觉 □（1、正常 0、迟钝）	检查者：
	耳鼻咽喉 □（1、正常 2、其他）	其他	

口腔科	唇腭 □（1、正常 2、其他）	是否口吃 □（1、否 0、是）	检查者：
	牙齿 □（1、正常 2、其他）	（齿缺失-- -- -- ｜ -- -- --）	
	其他		

胸部透视 □（1、正常 2、其他）	其他		检查者：
肝功能检验 转氨酶 □（1、正常 2、其他）	其他		检查者：
主检医师签名：	（体检机构体检专用章）	年　月　日	

注：化验单贴在本表后面，并加盖骑缝章。　录入员：_____

图3-8　普通高等学校招生考生体格检查表样例

（3）本科材料。本科材料是指学生在大学本科学习阶段产生的各类学籍材料，主要包括高校学生（入学）登记表（如

图3-9所示）、学士学位授予证明、双学位材料、本科毕业设计
（论文）成绩及评语、学年鉴定表、学生成绩单、学生毕业登记
表（如图3-10所示）、体检表、社会实践鉴定表、奖学金或荣誉
称号等奖励材料、违纪惩处材料等。

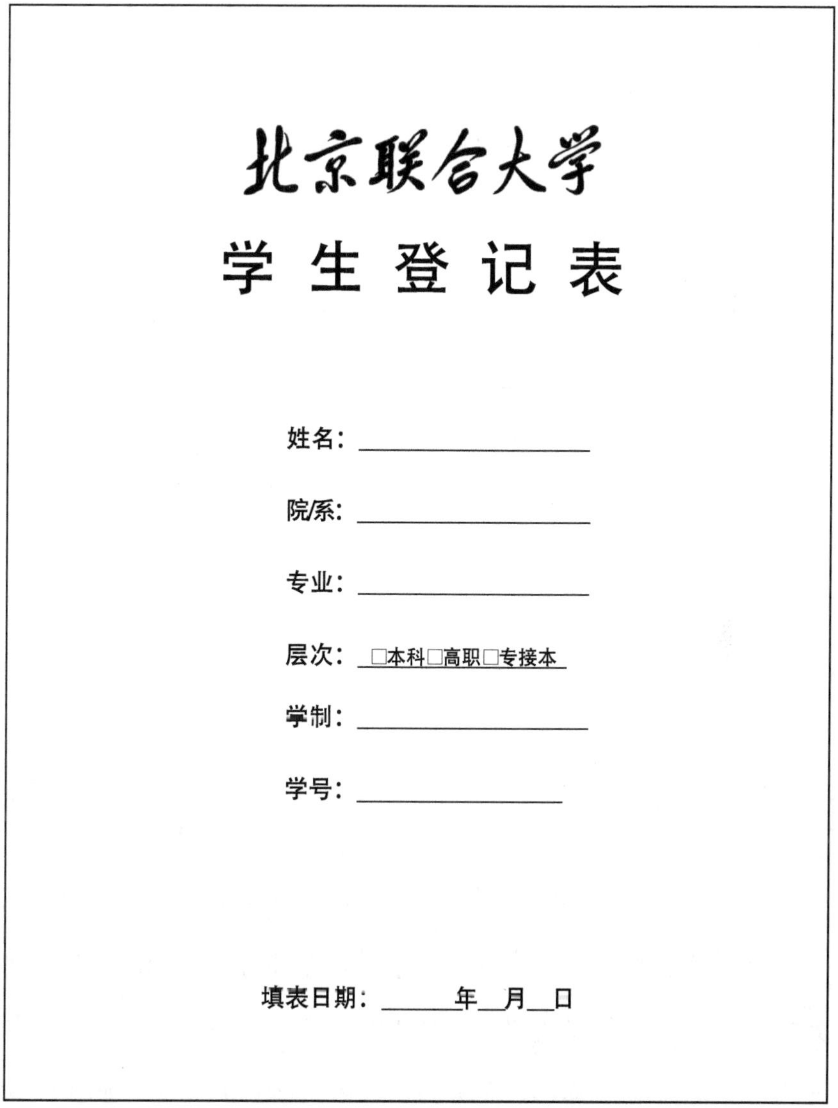

北京联合大学

学 生 登 记 表

姓名：＿＿＿＿＿＿＿＿

院/系：＿＿＿＿＿＿＿＿

专业：＿＿＿＿＿＿＿＿

层次：□本科□高职□专接本

学制：＿＿＿＿＿＿＿＿

学号：＿＿＿＿＿＿＿＿

填表日期：＿＿＿＿年＿＿月＿＿口

图 3-9 学生（入学）登记表样例

××地区普通高等教育
本专科毕业生登记表

学　　校＿＿＿＿＿＿＿＿＿＿

院　　系＿＿＿＿＿＿＿＿＿＿

专　　业＿＿＿＿＿＿＿＿＿＿

班　　级＿＿＿＿＿＿＿＿＿＿

姓　　名＿＿＿＿＿＿＿＿＿＿

学　　号＿＿＿＿＿＿＿＿＿＿

填表日期＿＿＿＿＿＿＿＿＿＿

××市教育委员会印制

图3-10　本专科毕业生登记表样例

（4）硕士材料。硕士材料是指学生在硕士学习阶段产生的各类学籍材料，主要包括硕士研究生招生考试录取登记表、硕士研究生入学登记表（如图3-11所示）、硕士课程成绩单、硕士学位答辩申请材料（如图3-12所示）、申请硕士学位论文评阅书、毕业研究生登记表（硕士）、研究生思想政治素质和品德鉴定表、体检表、实习证明材料、奖学金及荣誉称号等奖励材料、违纪惩处材料等。

北京联合大学
研 究 生 登 记 表

姓　名：＿＿＿＿＿＿＿＿＿＿

授权学位点名称：＿＿＿＿＿＿＿＿＿

攻读学位：□学术型硕士 □专业型硕士

培养单位：＿＿＿＿＿＿＿＿＿＿

导　师：＿＿＿＿＿＿＿＿＿＿

导师职称：＿＿＿＿＿＿＿＿＿＿

填表日期：＿＿＿＿＿年＿＿月＿＿日

图 3-11　研究生（入学）登记表样例

北京联合大学攻读硕士学位研究生

答辩申请材料

姓　　　名：＿＿＿＿＿＿＿＿

学　　　号：＿＿＿＿＿＿＿

所 在 学 院：＿＿＿＿＿＿＿

专　　　业：＿＿＿＿＿＿＿

学 位 类 别：＿＿＿＿＿＿＿

指 导 教 师：＿＿＿＿＿＿＿

北京联合大学研究生处

年　月　日

1

图 3-12　硕士学位答辩申请材料样例

（5）博士材料。博士材料是指学生在博士学习阶段产生的各类学籍材料，主要包括毕业研究生登记表（博士）、博士课程成绩单、博士毕业材料（申请博士毕业人员登记表、博士毕业论文评阅意见、毕业论文答辩委员会决议等）、博士研究生入学登记表、攻读博士学位研究生录取登记表、博士学位研究生入学考试考核记录表、报考攻读博士学位研究生专家推荐书（如图3-13所示）、研究生思想政治素质和品德鉴定表、体检表、奖学金及荣誉称号等奖励材料、违纪惩处材料等。

×× 大学
×× 年报考功读博士学位研究生

专 家 推 荐 书

被推荐考生姓名 _____

考生所在单位 _____

午 月 日

注：1. 此表由推荐人填写后，装入信封密封后交考生，考生不得拆阅。
2. 正反面打印。

图 3-13　报考攻读博士学位研究生专家推荐书样例

3.按材料类型划分

如表3-1所示，学生档案按照材料内容的不同性质可以分为学籍材料、党团材料、鉴定材料、实习（实践）材料、奖惩材料、体检材料、出国（境）材料、工作材料、退伍材料、其他材料。

表3-1　按材料类型划分学生档案材料

分类	定义	内容
学籍材料	学生在某一学习阶段内，从入学到毕业期间接受教育的全过程中形成的具有保存、凭证和参考价值的文字材料，是学生个人在校期间学习和成长过程的真实记录	入学登记表、录取登记表、毕业生登记表、学位授予材料、成绩单等
党员材料	上学期间形成的共产党员发展材料	共产党员发展材料主要包括入党志愿书、入党申请书、入党积极分子培养考察表、党支部综合政审意见、党校培训结业证书、团支部推优表、函调（外调）材料、群众座谈会意见、自传材料、思想汇报、接收预备党员票决情况汇总表、预备党员转正申请报告、预备党员考察表、预备党员一年思想总结等
团员材料	上学期间形成的共青团员发展材料	入团志愿书、入团申请书、团组织关系介绍信等
鉴定材料	组织上依据学生本人的政治思想、品德素质、学习成绩等表现出具的相关鉴定材料	学年鉴定表、思想政治素质和品德鉴定表、毕业生鉴定表等
实习（实践）材料	学生在本科、硕士、博士等学习阶段参加工作实习或社会实践的过程中形成的总结、报告及成绩等材料	社会实践活动登记表、实践报告、实习证明、工作总结、实习人员考核表等

分类	定义	内容
奖励材料	学生在校期间获得的各种级别各种类型的奖励、荣誉评审证明材料	国家级、省部级（市级）、校级奖学金申请表，三好学生、三好研究生、优秀毕业生（毕业研究生）、优秀学生（研究生）干部、优秀共产党员、优秀团员、优秀团干部等荣誉称号登记表，优秀学位论文审批表及其他表彰奖励材料
处分材料	学生在校期间触犯国家法律、违反校纪校规等形成的警告以上的处分材料	一般为"关于××同学的处分决定"等
体检材料	学生在某一学习阶段入学和毕业体检时形成的入学体检表、毕业体检表等材料	各时期体检表
出国（境）材料	学生因需要申请出国（境）学习或在国（境）外学习期间产生的相关材料	出国（境）审查表、备案表、学历学位认证书（如图3-14所示）、国（境）外学习进修情况证明或鉴定材料
工作材料	学生在某一学习阶段入学前参加工作期间的合同、工资、考核、职务（职称）等相关材料	干部履历表，签订、解除或终止聘用的合同（劳动合同），工资变动审批表，年度考核表，职称申报表，干部任免表，转正定级审批表等
士兵材料	高校学生应征入伍服义务兵役期间产生的相关文件材料	士兵登记表、军人转业（复员）审批表、入伍批准书、士兵军衔登记表、应征公民体检表、义务兵退出现役登记表、应征公民政治考核表等
其他材料	学生在各学习阶段产生的其他具有保存价值、应当归档的个人材料	全国普通高等学校本专科毕业生就业报到证（就业通知书）、全国毕业研究生就业报到证（就业通知书）、档案转递通知单、身份证复印件、户口本复印件等

国外学历学位认证书

编号：

，　，中国国籍，出生于　年 月日。

在英国　　　　　　大学(Univcrsity of

)学习，于　　年　月获得该校授予的理

学硕士学位，专业领域为金融与投资管理。

经核查，　　　　　大学系英国正规高等学校。

所获理学硕士学位表明其具有相应的学历。

教　　　　　　心

　　　　　　月　　　日

注：
1、本认证书系根据《国（境）外学历学位认证评估办法》出具。
2、本证书中的个人信息系从申请者提供的个人有效身份证件中提取。
3、由于各国（地区）教育制度的差异，认证书上对申请者专业领域的表述有可能与我国《学校授予和人才培养学科目录》及《普通高等学校本科专业目录》存在差异。

图 3-14　国外学历学位认证书

二、学生档案材料的收集

1.收集范围

学生档案是高校档案工作的重要组成部分，是学生毕业时用人单位了解、选拔、聘用人才的重要参考和依据。学生档案既是干部人事档案的前身，也是干部人事档案建立的基础，正确合理划分学生档案材料的收集和归档范围，科学规范管理学生档案，对于高校档案工作的顺利开展以及高校人才教育培养都具有重要意义。

根据《高等学校档案管理办法》的要求，参照《干部人事档案工作条例》和《干部人事档案材料收集归档规定》两项法规中对干部人事档案材料的收集范围的相关规定，学生档案材料的收集范围应该与干部人事档案收集归档范围在内容上一致，具有承接性，同时应围绕学生在校期间的各项活动，根据学生学习科研、社会活动的特点，结合高校学生档案管理工作的实际情况，进一步扩大和补充高校学生档案的收集范围。

综上所述，高校学生档案材料的收集范围可以参考以下五个方面（如图3-15所示）：入学材料，学籍材料（学生档案材料收集归档的核心内容），党团组织材料，奖惩材料（"优秀毕业生审批表"及"评奖评优获奖记录"。样例如图3-16、图3-17所示），其他具有保存和参考价值、应当归档的学生个人材料（"志愿服务工作鉴定表"样例如图3-18所示）。

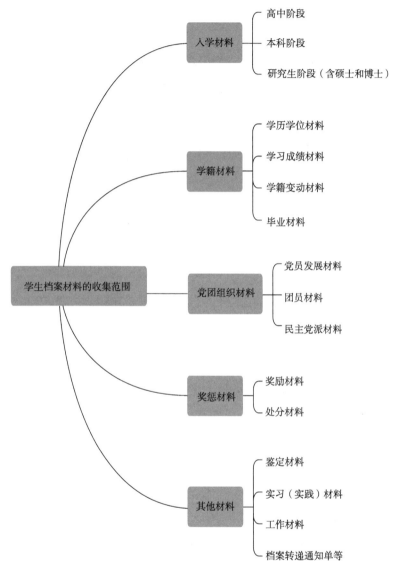

图 3-15　学生档案材料的收集范围

北京市普通高等学校优秀毕业生审批表

（20　年）

姓　名		性别		出生年月		照片
生源地		民族		政治面貌		
专　业		学历		联系电话		
毕业去向						
联系地址						
身份证号码						
所获荣誉 （大学阶段起）						
主要事迹（以第一人称填写。800字以内）：						

注：此表正反面打印，市教委盖公章方有效，由学校存入本人档案。

（a）优秀毕业生审批表正面

	本人签名： 填表日期： 年 月 日		
院 （系） 意 见	（签名 公章） 年 月 日	学校意见	（签名 公章） 年 月 日
市教委意见	年 月 日		
备注			

北京市教育委员会制表

（b）优秀毕业生审批表反面

图 3-16 优秀毕业生审批表样例

北京联合大学学生评奖评优获奖记录

北京联合大学学生处（盖章）

姓名			学院	

身份证号			学务班级	

学号		入学时间		培养层次	

个人奖项					
评奖学年	奖项名称	奖项级别	评奖单位	奖项类型	获奖时间
团队/集体奖项					
评奖学年	奖项名称	团队名称	奖项级别	评奖单位	奖项类型	获奖时间

打印时间：年月日

声明：此表中的国家级、省市级等奖项均有我校提交材料，获奖情况真实，予以证明。

图3-17 评奖评优获奖记录表样例

志愿服务工作鉴定表

姓　名		性别		民族		
出生年月		年龄		学历		
身份证号				籍贯		
工作单位/就读院校					职务	
政治面貌				志愿服务时长		
志愿服务部门				志愿服务岗位		
赛事志愿服务工作鉴定						年　　月
团组织意见						年　　月
组委会意见						

注：请使用碳素笔填写此表，放入个人人事/学生档案。

图 3-18　志愿服务工作鉴定表样例

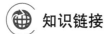 **知识链接**

中共中央办公厅于2018年11月印发的《干部人事档案工作条例》中第十九条规定："干部人事档案主要内容和分类包括：……（四）学历学位、专业技术职务（职称）、学术评鉴和教育培训类材料。主要有中学以来取得的学历学位……（六）党、团类材料。主要有《中国共产党入党志愿书》、入党申请书、转正申请书、培养教育考察，党员登记表，停止党籍、恢复党籍，退党、脱党，保留组织关系、恢复组织生活，《中国共产主义青年团入团志愿书》、入团申请书，加入或者退出民主党派等材料。（七）表彰奖励类材料。主要有表彰和嘉奖、记功、授予荣誉称号，先进事迹以及撤销奖励等材料。（八）违规违纪违法处理处分类材料……（十）其他可供组织参考的材料。主要有毕业生就业报到证、派遣证……体检表等材料。"

2009年7月颁布的《干部人事档案材料收集归档规定》（中组发〔2009〕12号）对干部人事档案材料归档范围的规定是："……学历学位材料：高中毕业生登记表；中专毕业生登记表；普通高等教育、成人高等教育、自学考试、党校、军队院校报考登记表，入学考试各科成绩表，研究生推免生登记表，专家推荐表；学生（学员、学籍）登记表，学习成绩表、毕业生登记表，授予学位的材料，毕业证书、学位证书复印件，党校学历证明；选拔留学生审查登记表等参加出国（境）学习和中外合作办学学习的有关材料；国务院学位委员会、教育部授权单位出具的国内外学历学位认证材料……党、团组织建设工作中形成的材料：（一）中国共产党入党志愿书、入党申请书、转正申请书；整党工作、党员重新登记工作中民主评议党员的组织意见，党员登记表，党支部不予登记或缓期登记的决定、上级组织意见；不合格党员被劝退或除名的组织审批意见及主要依据材料；取消预备党员资格的材料；退党、自行脱党材料；恢复组织生活（党籍）的有关审批材料；（二）中国共产主义青年团入团志愿书；（三）加入或退出民主党派的材料……"

教育部和国家档案局于2008年制定的《高等学校档案管理办法》（第27号令）中也对高校文件材料的归档范围做了规定："……（三）学生类：主要包括高等学校培养的学历教育学生的高中档案、入学登记表、体检表、学籍档案、奖惩记录、党团组织档案、毕业生登记表……"

2.收集要求

《干部人事档案材料收集归档规定》对干部人事档案的收集归档要求做出了明确规定，以此为依据，学生档案材料的收集归档应符合以下要求：

（1）学生档案材料形成部门，必须参照干部人事档案有关规定规范制作学生档案材料，建立学生档案材料收集归档机制，在材料形成之日起一个月内按要求送交学校档案管理部门归档并履行移交手续。

（2）学生档案管理部门应当建立联系制度，及时掌握形成学生档案材料的信息，主动向学生档案材料形成部门、学生本人和其他有关方面收集学生档案材料（高等学校毕业生档案转递单样例如图3-19所示）。

高等学校毕业生档案转递告知书

转档字_____号

____届毕业生_____：

　　您的毕业生档案已于___年___月___日寄往_____，请您适时与档案接收单位（机构）联系办理相关事宜。

　　经办人：　　　　　　　　　　　　发件单位（盖章）
　　联系电话：　　　　　　　　　　　　　年　月　日

（此联由高校填写，交高校毕业生本人留存）

高等学校毕业生档案转递单

转档字_____号

_____：

　　兹将我校____届毕业生_____（身份证号：_____,转递编号：_____）的档案材料转往贵处，请按档案所列目录清单查收，并将回执退回。

　　经办人（签名）：　　　　　　　　发件单位（盖章）
　　联系电话：　　　　　　　　　　　　　年　月　日

姓名	生源地	联系电话	转递类型	就业单位名称	单位地址	档案卷数

回执邮寄地址：　　　　　　　　　　邮政编码：

（此联由高校填写，放入高校毕业生档案）

高等学校毕业生档案转递回执

_____：

　　你处于____年___月___日转来高等学校毕业生档案转递单（转档____字号）所开列_____同志档案共____卷已收到。现将回执退回，请查收。

　　收件人（签名）：　　　　　　　　收件单位（盖章）
　　联系电话：　　　　　　　　　　　　　年　月　日

（此联由档案管理服务机构填写，反馈高校）

图 3-19　高等学校毕业生档案转递单

（3）学生档案管理部门必须严格审核归档材料，重点审核归档材料是否办理完毕，是否对象明确、齐全完整、文字清楚、内容真实、填写规范、手续完备。

（4）成套材料必须头尾完整，缺少的档案材料应当进行登记并及时收集补充。

（5）归档材料填写不规范，手续不完备，或材料上的姓名、出生时间、入党时间等与档案记载不一致的，材料形成部门应当重新制作，补办手续，或者由具有学生管理权限的部门或学院审改（或出具说明）并加盖公章。

（6）归档材料一般应当为原件。证书、证件等特殊情况需用复印件存档的，必须注明复制时间，并加盖材料制作单位公章或学生人事关系所在单位公章。

（7）学生档案材料的载体使用16开型（长260毫米，宽184毫米）或国际标准A4型（长297毫米，宽210毫米）的公文用纸，材料左边应当留有20~25毫米装订边，字迹材料应当符合档案保护要求。

（8）符合归档要求的材料，必须在接收之日起一个月内放入学生本人档案并整理归档。

▽ 案例解读

王同学是2017届毕业生，毕业前参加某市税务局招聘考试，并连续通过了该单位组织的笔试及面试，最后一关是由该单位人事部门来学校找有关老师了解其在校表现情况，并对其学生档案做审查。在审查王同学档案材料时，招聘单位人事部门相关人员特别说到档案内容的填写字迹不工整，另外王同学在校期间思想、学习、生活等方面的表现情况也不尽如人意。最终王同学因档案审核环节不合格而未被录取，悔恨莫及。

学生档案是对本人在校期间思想、学习、生活及所参加的各种活动的真实记录，也是用人单位考察人才的主要内容之一。用人单位人事部门审核学生档案时主要查看档案材料是否齐全，档案中关于学生在校期间思想、学习、生活等方面的表现情况，大学期间各科成绩以及档案材料填写的整洁认真程度。本例中的王同学在学习期间的个人表现和档案材料填写的认真程度这两项没有达到用人单位的要求。

3.收集原则

（1）真实性原则。高校学生档案是对学生在校期间的学习、科研、实践活动等方面的历史记录，作为学校和用人单位了解和评价学生的重要参考和依据，学生档案材料必须真实准确，不能造假。如果档案材料不真实，档案就难以发挥其查考凭证的作用，也失去了其存在的价值，不仅难以反映学生在校期间的历史情况，甚至还会引导接下来的工作向错误的方向发展，造成严重的后果，所以保证档案材料的真实性是学生档案材料收集必须坚持的首要原则。

（2）完整性原则。学生档案的完整性包括档案材料收集齐全和整理系统两个方面。凡是具有保存价值的档案材料都要尽量收集齐全，只有这样，才能完整反映学生个人全部成长经历的历史情况，这是收集齐全。同时，学生档案还要做到整理系统，凡是具有保存价值的档案材料都必须按照它的形成规律组成有机联系的整体，只有这样，才能全面反映出学生在学校学习、生活、实践等活动的完整过程和本来面貌。

（3）原始性原则。档案有着查考、凭证和处理问题的作用，只有原始的档案材料才具有凭证和参考价值，补写或经过加工处理的档案材料都不能发挥档案应有的价值。因此，无论是学生的基本信息还是奖励处分的文件材料都应该坚持原始性原则，这样才能真正发挥学生档案应有的价值。

（4）便于利用原则。便于社会、学校和师生对学生档案的利用，满足其对档案的使用需求，这是学生档案工作的根本目的。因此，是否便于社会各方面和学校师生对学生档案的利用是检验学生档案材料收集工作效果的重要标准，也是高校学生档案工作能否顺利开展的重要条件。学生档案材料具有数量巨大、内容复杂、形式多样等特点，在学生档案材料的收集过程中，要注意判断和甄别，不是所有的材料都必须归入学生档案，要考虑档案材料是否便于以后利用，选择性地收集和归档，不能"有材料必归档"。

4.收集措施

学生档案材料收集在高校学生档案管理工作中具有重要的地位和作用。如果没有收集工作，学生档案工作将成为无源之水、无米之炊；如果收集工作不扎实，收集到的档案材料残缺不全，或者只收集了零散材料或价值不大的材料，就会影响到学生档案的利用和未来人事档案的规范性和完整性。因此，学生档案材料收集工作的质量制约着各项学生档案业务工作的开展和高校学生档案管理水平，也与学生的就业等切身利益息息相关。

（1）建立学生档案收集归档制度。高校学生档案材料的收集工作是一项贯穿学生学业始终的经常性工作，建立相关的规章制度是做好档案收集归档工作的保障。

在进行学生档案收集整理工作时，各个高校需要结合《干部人事档案工作条例》和干部人事档案的相关法规，并根据自身的实际情况，制定本校学生档案管理制度，进而提升学生档案收集整理工作的可操作性。例如，一部分高校针对硕士研究生登记表和博士研究生登记表等的材料还没有形成，另一部分高校已经形成这些登记表，但是相关部门根据传统惯例，觉得这些登记表没有必要进行归档。这时，学生档案管理制度的严格执行就变得尤为重要。高校领导需要对相关部门进行严格要求，要求其严格依照相关规章制度，对需要形成的材料做到必须形成，对需要归入档案的材料做到必须归档。学校学生档案管理部门要对学生档案收集整理工作的责任分工、管理职能、收集整理方式、收集整理要求、归档要求、检查要求、移交时间进行规定。教师和辅导员需要提供学生参与活动的实际表现情况，学生需要提供自己的职业资格证书和各种奖项获取情况以及相关登记证书，档案管理人员需要做到勤催、勤要、勤收、勤查、勤问，并对学生档案材料进行全面及时的收集和整理，以防材料出现缺失情况，进而使学生的精神面貌可以通过档案准确全面地反映出来。

◆ 归档（移交）制度

归档制度是指学校各级部门要定期、定时将办理完毕的档案材料归档（移交）到档案管理部门或管档机构人员手中。根据《干部人事档案材料收集归档规定》的相关要求，形成干部人事档案材料的部门应在形成材料的一个月内，按要求将材料送交人事档案管理机构。因此，作为参考，学生档案材料每学期都要集中归档。各单位各部门在日常工作中形成的档案材料都要及时收集、按时归档，保障学生的各项活动能够顺利进行。

建立档案材料移交机制，明确责任和分工，加强监督和检查。集中定期收集的常规性档案材料，如新生档案、成绩单、入学登记表、毕业生登记表、党团材料等，由各部门在规定的时间内向学校档案管理部门定时移交。零星临时收集的非常规性档案材料，如学籍变动证明、获奖登记表、教师资格认定申请表等，由档案管理员通过公众号或与院系辅导员联系，将散落在学生个人手中的有收藏价值的材料及时收集归档。

◆ 登记核查制度

为避免在收集工作中出现档案材料收集不齐、遗失或散落的情况，档案管理部门一定要建立档案材料的收集登记制度。一是收文登记，即将收到的材料在收文登记簿或档案管理系统中逐份登记，这种办法适合少量材料移交。二是核实移交清单，移交清单由送交单位打印，作为转送或接收底账，这种办法适合于大批量档案材料的移交。在接收档案材料时，一定要检查核对，看材料与清单是否相符，材料是否齐全完整，手续是否齐全；对不符合归档要求的材料，应立即退回形成机关或部门补办手续，完成补办手续后方可接收。对于填写不规范、手续不完备的，要求材料形成部门重新制作，补办手续，或者由组织人事部门审改（或出具说明）并加盖公章。档案材料交接过程要有移交人、接收人签字，并注明接收时间。同时，高校档案管理部门根据核查的情况，将所缺材料逐一登记下来，有计划、有步骤地进行收集。

◆ 催要制度

高校档案管理部门在日常工作中不能坐等有关部门主动送材料，也不能送多少就收多少，应当建立收集网络，运用网络工具与招生就业处、教务处、学生处及学生所在院系等及时沟通，如建立微信群、公众号等，随时发布归档范围、归档时间、归档要求等信息，主动向档案材料形成部门及学生个人收集档案材料。如果迟迟不交，则采用发函、打电话或派人登门索要等方式，做到口勤、脚勤、手勤，以防遗漏某些材料。为了提高收集效率，各部门要设置兼职档案管理人员岗位，做到岗对岗，人对人，从基层落实档案材料收集工作责任，不留死角。

◆ 随时补充档案材料的制度

学校组织、学生管理、教务管理等部门为了了解学生各方面的情况，应当根据工作需要和档案材料的短缺情况，不定期地统一布置填写学生登记表、鉴定表等材料，以便随时补充档案材料，使组织上能比较完整地掌握学生个人的情况。

（2）合理扩大学生档案材料的收集范围。随着社会的进步和时代的发展，各用人单位对学生档案的要求越来越高，他们希望能通过学生档案去选拔、甄别有用的个性化人才。原有的学生档案材料内容所反映的信息量往往不足且单一，已经满足不了社会对人才档案使用的需要。因此，各高校可根据市场需要调整其内容，充分体现学生档案的时代性和个性化。

◆ 增强特色材料的收集

所谓特色材料的收集就是在原有材料收集的基础上增加一些能够反映学生的能力和素质，同时又富有自身特色的档案材料。

比如重点而全面地记录学生的成长经历、个性特点、人际关系、个人品质、身心健康、文体娱乐、思想状况、政治表现等方面的材料。学生参加社团活动、社会实践活动、竞赛活动中的表现和相关鉴定材料，能充分反映其政治素质、思想品德、实践能力等。加强这些方面材料的收集，能够使原本千篇一律的档案变成千人千面，各具特色，可以强化档案的实用性，提高档案的参考价值，从而为学生找工作、用人单位聘用人才提供更多的凭证和依据。

有关高校学生基本情况的材料：无论哪个时代，学生的基本信息收集都是档案材料的重点，学生的姓名、性别等重要信息不能有任何的误差，并力求完整，学生的免冠电子照片必须统一格式（背景颜色等），学生的个人经历要具体翔实，学生的社会关系、家庭背景也是不能忽略的信息。

有关学生思想品德方面的材料："先成人，再成才"，学生的思想道德品质是最重要的，教育法里面也有要求"德育为先"，作为社会的重要人才培育基地，高校应该加强对学生的思想品德的教育，同时要给学生建立系统、完善的品德档案。高校学生档案的信息化建设，使学生的档案材料更丰富、更完善，因此，我们可以联合社区及各有关单位，收集学生的诚信记录、助人为乐的记录、考场遵守纪律的记录、在外兼职或实习时的信誉记录等。

学生基本情况登记表样例如图3-20所示，学生品德考核评议表样例如图3-21所示，学生诚信档案样例如图3-22所示。

××大学学生基本情况登记表

_____学院_____级_____专业_____班

姓名		性别		民族		出生年月		
曾用名		学号				寝室		
曾任职务		政治面貌			高考分数			
身份证号					有何特长			
曾获奖励								

本人学习及社会经历	自何年何月起至何年何月止	在何地、何校(或单位)学习(或任何职)	证明人

本人联系方式	家庭电话		QQ号		微信号	
	移动电话		邮箱			

家庭详细通信地址				邮编	

家庭主要成员	姓名	出生年月	与本人关系	工作单位	联系电话

家庭经济情况	1. 该生是否为1)□孤儿2)□烈士子女3)□父母残疾4)□父母下岗5)□单亲 2. 该生是否具有当地县(区)级及以上民政部门核发的特困证明(复印件附表后) 3. 该生是否要求办理国家助学贷款(如办理,附表后)

注：1. 本表内容务必如实填写；
　　2. 本表一式两份，一份装入学生档案，一份辅导员留存。

××大学学生工作处(部)制

图 3-20 学生基本情况登记表样例

××大学××学院
20 ~20 学年度第 学期学生品德考核评议表

姓名		学号		性别		政治面貌	
专业		班级		职务		综合素质分	
自我鉴定	签名： 年 月 日						
奖惩情况							

图 3-21 学生品德考核评议表样例

××学校学生诚信档案

<table>
<tr><td rowspan="5">学生基本情况</td><td>姓名</td><td></td><td>性别</td><td></td><td>民族</td><td></td><td>出生年月</td><td></td><td></td></tr>
<tr><td>曾用名</td><td></td><td colspan="2">政治面貌</td><td></td><td colspan="2">学号</td><td colspan="2"></td></tr>
<tr><td>院系、班级</td><td colspan="8"></td></tr>
<tr><td>身份证号码</td><td colspan="4"></td><td colspan="2">联系电话</td><td colspan="2"></td></tr>
<tr><td>家庭详细住址</td><td colspan="8"></td></tr>
</table>

<table>
<tr><td rowspan="7">诚信记录</td><td colspan="4">包括学业诚信、学术诚信、遵规守纪、信贷缴费等情况</td></tr>
<tr><td rowspan="2">第一学年</td><td rowspan="2"></td><td>记录人签名</td><td>日期</td></tr>
<tr><td></td><td></td></tr>
<tr><td rowspan="2">第二学年</td><td rowspan="2"></td><td>记录人签名</td><td>日期</td></tr>
<tr><td></td><td></td></tr>
<tr><td rowspan="2">第三学年</td><td rowspan="2"></td><td>记录人签名</td><td>日期</td></tr>
<tr><td></td><td></td></tr>
</table>

学校认定的贫困等级 □特困 □困难 □一般困难 □不困难 建档时间

院系意见

学生处意见　　盖章

图 3-22　学生诚信档案样例

有关高校学生的身心健康状况方面的材料：主要从两个方面做好建档工作。一是学生的身体状况，一般用入学体检表和毕业生体检登记表建档，但是，由于体检的项目有限，还可以收录学生自己提交的其他疾病诊断书；二是学生的心理健康状况，这已经成为高校学生日常管理中非常重要的一部分，因此高校要加强对学生的心理健康教育，并且建立完整、系统的反映学生各时期心理健康情况的档案。现在，各高校在新生入校时会有心理普查，中期会有每月心理晴雨表，心理咨询室会有心理咨询记录，高校应该把这些材料都集中进行整理和存档，这样既有助于开展高校心理数据分析，也有助于提高学生管理工作水平。

有关学生学习、科研和实践等方面的材料：传统的高校学生档案一般会把学生的重要评优奖励审批表存档，但是随着举办的项目增加，有很多比赛都只有一份荣誉证书，这时，高校学生档案管理工作就应该关注这方面的问题。学生有奖，但没有入档，拿着荣誉证书到外面去，其他单位认可吗？学生所获奖项在学校没有存档是不是也是一大缺憾？学生发表的文章、申请的专利等也应该在在校档案里面有所体现，学生在校期间参加的培训记录也要有所收集，这样，我们学生的学习能力才能更好地为大家所了解。

学生创新创业实践成绩表样例、综合实践暨大学生暑期社会实践登记表样例如图3-23、图3-24所示。

××大学学生创新创业实践成绩

学号：　　　　　　　　学院：

姓名：　　　　　　　专业：

性别：

序号	课程名称	类别	课程学分	取得学分	成绩
1	专业实习	基本实践课程			
2	读书报告	基本实践课程			
3	假期实践（假期见闻）	基本实践课程			
4	军事训练	基本实践课程			

图 3-23　学生创新创业实践成绩表样例

北京联合大学思想政治理论课综合实践
暨大学生暑期社会实践

登 记 表

学　　院＿＿＿＿＿＿＿＿＿＿＿＿

班　　级＿＿＿＿＿＿＿＿＿＿＿＿

姓　　名＿＿＿＿＿＿＿＿＿＿＿＿

学　　号＿＿＿＿＿＿＿＿＿＿＿＿

实 践 地＿＿＿＿＿＿＿＿＿＿＿＿

实践主题＿＿＿＿＿＿＿＿＿＿＿＿

实践类别＿＿＿＿＿＿＿＿＿＿＿＿

实践时间_年_月_日—_年_月_日

共青团北京联合大学委员会

年　　月

图 3-24　综合实践暨大学生暑期社会实践登记表样例

　　有关学生个性特点的信息材料：除学生在学校的学习情况、个人经历的信息收集外，我们还应该收集一些能体现学生个性特征的信息。例如，学生撰写的网络日志、文章，拍摄并上传到网上的视频资料，以及开通的比较有影响力的微信公众号信息等。

这些信息都有助于我们了解学生的个体特性及发展倾向。

个性发展自我评价和特长成果表样例、社会艺术水平考级证书如图3-25、图3-26所示。

个性发展自我评价和特长成果

个性发展自我评价	
	班主任签字
个性发展特长及成果	
	班主任签字

说明:
　　依据教育部和北京市普通高中课程方案（实验）及有关学生评价等文件精神，北京市制定了"普通高中学生综合素质评价指标体系"及"北京市普通高中学生综合素质评价电子平台"。表中"个性发展自我评价"是学生对自己高中阶段学习、生活各个方面的总体评价(600字以内)；"特长成果"展示的是学生在三年时间里参加的最有特色的社会实践活动、非学科类奖项、见义勇为等好人好事、担任社会职务等内容，选择最突出的三项（每项300字以内）。上述两项数据信息可从相应的评价内容直接导出并由班主任签名确认，请不要录入特殊字符，例如：上标（单位平方米上的2字等），防止导入后出现乱码问题。

图 3-25　个性发展自我评价和特长成果表样例

图 3-26　社会艺术水平考级证书

 案例解读

　　近几年来某学校给予了各院系一定的自主权，鼓励各院系根据自身专业的教学要求、教学改革和人才培养改革的实际情况，根据学生个性发展和用人单位的需要，丰富学生日常材料的收集内容。如心理健康材料，包括能反映大学生的意志、认识能力、人格、情绪等心理健康状况的材料，这些心理健康材料有助于准确地分析大学生的心理动机、性格特征；诚信材料，包括助学贷款偿还、个人信贷消费、勤工助学、考试纪律、人际交往等相关方面的记录或材料；实践创新材料，包括学校教学过程中各项教学实践与运动锻炼，也包括学生自发组织的各种社团活动；奖励惩处材料，包括学生入学后参加各种大型比赛的获奖材料。该学校的定向越野是一个突出项目，体育系不少学生都获得过大奖，甚至还有学生被选进国家队，院系在收集日常材料时要特别注重这方面的资料，让学生档案材料充分反映学生的特长、爱好、实践能力与人格品质，让每一份学生档案都具有自己的个性，更好地满足用人单位的需要，最终达到进一步明确学校教学改革方向的目的。

◆ 加强过程材料的收集

过程材料是指中间环节形成的材料。加强过程材料的收集归档，有利于保证档案材料的完整性和真实性，同时也是保障工作程序合理合法无漏洞、防止档案造假的有力措施，更能为"补档"提供充分的佐证材料。

🌐 知识链接

如图3-27所示，以入党过程材料为例。申请人从递交入党申请书到发展为预备党员，再到转为正式党员，时间跨度至少要两三年。在此期间，申请人经过党校培训、团员推优，被确定为入党积极分子后，填写入党积极分子考察表，并通过至少一年的考察期，被党组织确定为发展对象且政审通过后填写入党志愿书，经由支部大会讨论通过为预备党员，再经过一年的预备期考察，同时形成预备党员教育考察表，最后由本人提交转正申请，经支部大会讨论后报上级党组织审批通过后转为正式党员，同时完成入党

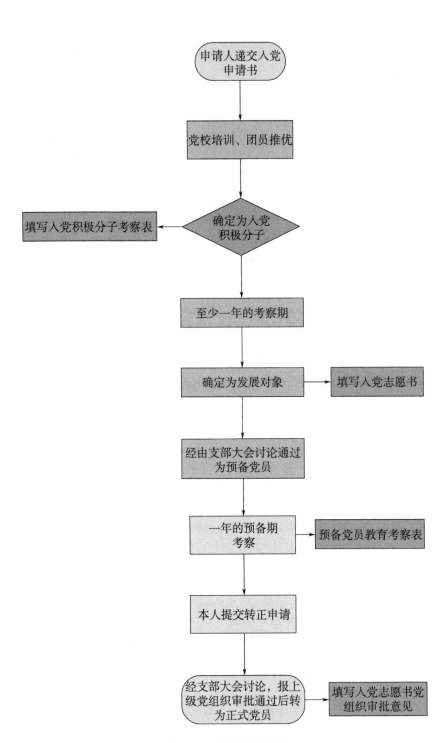

图 3-27　入党过程材料

志愿书党组织审批意见的填写。以往归入本人档案的入党材料仅有入党志愿书、入党申请书和转正申请书以及政审材料。如果档案中缺少入党材料，那么发展党员过程中形成的各种材料，包括支部会议记录，都能作为其入党的佐证材料补充进档案。现在按照《干部人事档案工作条例》的有关规定，已将入党积极分子考察表和预备党员教育考察表等过程材料归入本人档案。其他的过程材料可由党组织或档案管理部门单独收集保管。同时，组织部门形成的发展党员名册、有关发展预备党员通知单、转为正式党员通知单或文件、党员名册、党组织关系介绍信等材料都应当归入学校文书档案。

（3）重视学生档案审核工作。《干部人事档案工作条例》第三十五条规定，组织人事部门应当坚持"凡进必审"、"凡提必审"、干部管理权限发生变化的"凡转必审"，在干部动议、考察、任职前公示、录用、聘用、遴选、选调、交流，人才引进，军队转业（复员）安置的档案转递接收等环节，严格按照有关政策和标准，及时做好干部人事档案审核工作。

学生档案是干部人事档案的前身，高校档案管理部门在接收学生档案时，也要严把"凡进必审"关。高校录取的新生档案转入时每个学院都要安排专人对档案进行审核，重点审核党团材料、高中毕业生登记表、高考报名志愿表、高考成绩、体检表等是否齐全，档案信息是否记载一致等，新招录的研究生报考材料是否齐全完整，报考条件是否符合规定等。发现问题立即进行追查，看哪个环节出现了问题，及时进行处理，不留隐患，缺少材料应尽早补齐。通过这种办法，既保证了档案材料的完整性和真实性，又能从源头上减少冒名顶替、移民考生、违规招生等现象，维护了高考的公平性。

按照《干部人事档案工作条例》的有关规定，档案转出前必须进行审核，查看是否有该归入的材料没有归入的情况。特别是高校在整理毕业生档案时，在核对时一定要打印目录清单，逐项核对。核查过程中发现缺少材料的情况应该及时联系学生所在学院及学生本人，及时查补所缺材料并完成归档，确保毕业生档案在转出之前的完整性，如有确实无法补交的材料，应做好材料缺失登记，尤其要注意避免把同名同姓的人员档案材料装错。同时，在档案转递过程中必须注意档案的安全性，谨防丢失和泄密现象发生。

总之，做好学生档案的审核工作，不仅有利于及早发现问题，及时补充档案材料，也是确保学生学习和成长记录完整性的关键，更是用人单位聘用和选拔人才的坚实基础。

◆ 严把归档审核鉴别关

为了保证学生档案归档材料的真实、有效、齐全和完整，收集的档案材料在归档前必须进行鉴别。档案材料的鉴别是一项极具政策性、专业性的工作。科学合理地鉴别学生档案材料，有利于确保学生档案的质量，提高学生档案的使用效率。

鉴别学生档案材料是否属于归档范围。首先，要明确鉴别的材料是否属于学生档案。学生在校期间的学习和社会实践等活动中形成的材料大部分属于学生档案材料，但有些材料不属于在校期间由校内部门产生的文件材料，学校档案管理部门无法鉴别材料的来源和真实性，应不予归档，如学生在校外参加社会化考试或评审取得的证书、证明等。同时，剔除重复、无价值的档案材料，保证档案的精练、实用。其次，要注意鉴别的材料是否为本人的档案。学生档案经常会出现重名或由于改名而造成一人多名的现象以及同音不同字的情况，工作人员在鉴定档案材料时一定要明确档案材料的归属性，避免张冠李戴或装错档案袋，影响到日常的使用。避免错误的方法就是注意比对出生日期、性别、籍贯、学号等，并在档案袋上标注。

鉴别档案材料是否齐全完整。只有完成全部程序和手续，齐全完整的学生档案材料才能归入本人档案。在鉴定材料的过程中要注意签字、盖章手续是否齐全，有附件的材料是否齐备，头尾不全、手续不全以及没有结论的材料不能归入本人档案，应退回原单位，等待处理完再归档。

鉴别档案材料是否真实有效。鉴别档案材料的真实有效有利于整治档案造假行为，保证学生档案材料的真实性、完整性以及在毕业生就业、用人单位政审时充分发挥其凭证作用。在鉴别过程中发现来源不明、不符合实际情况的材料，或者与档案中记录不一致的材料，都要退回原单位进行核查，从源头上杜绝虚假材料归入档案，以此保证档案材料的真实有效。

◆ 审核环节覆盖学生在校全过程

《干部人事档案工作条例》强调对干部人事档案要"凡进必

审""凡转必审",这一要求可以作为学生档案工作的参照。具体来说,学生档案的审核应设置三个环节,囊括学生在校期间的学生档案材料全部接收环节。

研究生新生档案重点核查内容、本科生档案材料核查单、研究生档案核查单如图3-28、3-29、3-30所示。

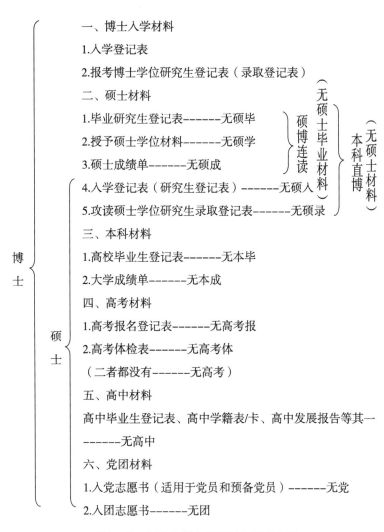

图 3-28 研究生新生档案重点核查内容

本科生档案材料核查单

学生姓名 _____　　　　学号 _____

类　别	档　案　材　料　名　称	备　注
本科阶段	□学生登记表　　□入学体检表 □毕业生登记表　□学位证明 □本科成绩单　　□论文评语	
高考阶段	□高考报名登记表　□高考体检表 □其他	
高中阶段	□高中学籍材料	高中毕业生登记表、高中学籍表、高中发展报告等
团员材料	□入团志愿书	
党员材料	□入党志愿书　　□入党申请书 □转正申请书　□自传　□外调材料	指正式党员
其他	□其他 _____	

注：若档案中包含此项材料，请在该材料名称前打√。

审核人：

审核时间：

图 3-29　本科生档案材料核查单样例

研 究 生 档 案 核 查 单

序号	档案材料名称	备注
1	博士毕业生就业通知书	
2	博士毕业研究生登记表、博士成绩单、 博士学位授予登记表	博士毕业材料
3	博士入学登记表、报考博士研究生登记表	博士报考录取材料
4	硕士毕业生就业通知书	
5	硕士毕业研究生登记表、硕士成绩单、 硕士学位授予登记表	硕士毕业材料
6	硕士入学登记表、研究生登记表（学籍表）、 硕士录取登记表	硕士报考录取材料
7	本科毕业生就业通知书	
8	高等学校毕业生登记表、本科成绩单	本科材料
9	高考报名登记表、高考体检表	高考材料
10	高中毕业生登记表、高中发展报告、 高中学籍表等	高中学籍材料
11	入党志愿书	指中共党员、预备党员
12	入团志愿书	指共青团员
13	档案转递通知单	
14	退学证明	指退学学生
15	博士后出站材料	指博士后
16	其他材料	

核查日期：

图 3-30　研究生档案核查单

第一，应在学生入学后，对所有学生提交的高中、高考材料进行清点和审核，明确是否有档案缺失，是否存在档案错装、漏装情况，学生的高中材料、高考报考材料、入学材料是否按要求装入档案。对于已经实行高考电子档案的省份，要打印高考电子档案替代存档。清点审核过程中，可以制作每一卷学生档案的内容明细，在清点审核后，依据内容明细，对本年度新接收学生档案的具体情况进行登记和统计，记录存在的问题并及时反馈给学生，敦促缺少材料的学生尽快补齐。

第二，在学生就读期间，会产生各类新材料，如奖惩材料、党团材料、学籍异动材料等，学生档案管理部门应在接收材料时对这些材料进行质量审核。要重点查看材料是否完整准确填写，签字、印章等手续是否齐全，字迹是否清晰、无涂改。

第三，学生毕业后，要在学生档案转出前审核就读期间档案材料是否已经完整齐全装档，有无重名学生档案错装现象，档案密封是否严密。如果学生办理过改派、缓派手续，要确认新的就业通知书是否已经装入档案。

三个审核环节的设置意味着学生档案管理部门需要改变"收而不管"的粗放式管理模式，建立从学生入学到毕业的全过程、精细化学生档案管理体系，记录并掌握每一卷学生档案的归档内容，全面监督和控制学生档案的质量。

（4）改善日常学生档案材料的收集方式。日常学生档案材料的收集是一个动态、长期的过程，同时也是一个连续过程，必须分段收集、定期整理。

◆ 分段收集，确保学生纸质档案材料的真实性与完整性。据了解，部分学校的学生档案纸质材料的收集完全是依靠临时突击。一到毕业时期，档案馆全体人员加班加点赶，这样既不能保证质量又不能保证档案的连续性。因为日常材料具有分散性，招生就业处、学生处、教务处、学生所在各院系等部门都有生成，尽管学生档案由档案馆负责，但材料来源于各部门，各部门之间平时工作没有协调好，体制机制也不完善，管理就见不到成效。建议采取分段收集、定期整理的方法，成立以校领导为首的专项小组，明确档案馆与相关单位的具体职责，加强各部门之间的协调性。因学生档案具有周期性，高校档案管理部门可以规定每学期期末最后一周为档案材料收集日期，增强学生档案工作的动态性，确保档案材料的真实性与完整性，最重要的是让学生明白只有在完善自我的过程中才能不断充实自己的档案，鞭策学生必须从严要求自己。

◆ 临时突击与分段收集相结合，保证学生及时用档。为了使学生档案能满足学生就业的各种需要，高校档案管理部门应对档案材料的收集采取临时突击与分段收集相结合的方法。因学生档案材料中有一部分是毕业材料，如毕业生（研究生）登记表、授予学位证明材料、考试成绩以及毕业体检的健康材料等，这些材料是要临近离校才能生成。因此，临时突击和分段收集相结合是满足学生及时用档需求的重要保证，也大大减少了"弃档户"的存在，增强了学校的社会公信力。

（5）增加档案收集工作人员。传统的档案收集主要依靠班主任、辅导员、相关部门的干事、档案管理者，根据信息化建设的需求，档案的收集人员范围应该拓宽至所有教职员工，以至校外一些相关行业的工作人员。学生的基本情况信息还是由辅导员来收集，学生的思想表现却可以通过班主任、辅导员、任课教师、宿舍管理员、实习用人单位及社区工作人员等来收集。他们所提供的第一手资料更能全面有力地证明学生的思想表现。

（6）放宽档案收集工作的时间。传统的档案收集工作一般集中在三个时间段：新生入学时期、每学期的期末、每届学生毕业时期。在档案的信息化建设时期，档案收集工作可以把传统的定期收集与随时收集相结合，做到随时将适合归入档案的大学生信息交给档案室，做到新的信息一产生即被收集并转化为档案。这样，既避免了由于时间长忘记收集，又能在任何时候任何部门要查阅数据时都能提供最新最全的数据。这样的操作对于数据的查阅是有很大帮助的。

（7）减少档案收集和提交的步骤。传统的档案收集一般要层层递交和审核，在档案信息化建设过程中，可以为校内每个学生提供一个数据端口，方便其随时将收集到的信息上传至档案馆的数据库。对这些数据的审核可以进行设置，由主管部门领导负责审核，尽可能地简化审核的手续。对于不同类型的材料，可以使用不一样的佐证材料替代，如：参赛获奖的，用参赛作品、获奖证书、相关表彰文件佐证即可；银行方面的诚信记录有银行方面的公文证明即可；而学生的网络日志、微信公众号等学生自己提交网址即可；学生的身体状况可以由委托体检的医院提供电子体检表，有些特殊病情，可以由学生本人或辅导员提交医院出具的病情诊断证明书电子稿或扫描件（照片）。这样可以尽可能多、快、全地把收集到的信息归档并数字化。当然，在拓宽收集渠道、放宽收集时间、增加档案信息内容的同时，需特别加强档案管理的保密工作，提升档案收集者的保密意识，制定相应的制度，约束档案信息员的行为，更要加强档案馆的建设，避免因为黑客或电脑病毒的入侵导致信息泄露。

（8）争取领导的重视与支持，将学生档案材料收集整理工作纳入领导工作日程。高校想要做好学生档案材料收集整理工作，领导给予足够的重视是非常关键的。高校学生档案工作水平和高校领导重视程度有着直接的联系。高校领导若具备较强的档案意识，那么其会深入到档案管理工作中，听取相关人员的工作汇报，及时解决学生档案工作存在的问题。因此，应积极争取领导对学生档案工作的支持，将其给予学生档案材料收集整理工作足够的重视，档案工作的质量和效率才会得到大幅度提升。因此，可以把档案收集整理工作纳入高校领导的日程和高校工作计划中，进而对档案收集整理工作进行规范。

（9）加强档案宣传力度，提升全校师生的档案意识。在高校学生档案收集整理工作中，需要把档案宣传工作作为基础内容，在高校中营造一个良好的档案氛围，为进行学生档案收集整理工作奠定坚实基础。高校可以充分利用宣传栏对档案知识进行宣传，或在高校网站和微信平台上，组织学生进行档案知识竞赛，进而向教职员工和学生进行相关法律法规和规章制度的宣传，使其意识到档案收集整理工作的重要性，了解档案收集整理的范围和途径以及内容。只有这样，才可以在真正进行学生档案收集整理工作时，保证收集整理的材料不被遗漏，使档案可以准确真实地反映学生精神面貌。

（10）规范学生档案收集整理工作。完善现有学生档案工作中的薄弱环节，使学生档案收集整理更加有序、规范。材料形成部门应严格按照归档范围形成材料的要求进行归档。学生档案管理部门应按照档案整理工作的要求对归档材料进行整理，使学生档案的归档、整理工作基础更加牢固。

高校学生档案管理部门应当在学习《干部人事档案工作条例》、《干部档案整理工作细则》（组通字〔1991〕11号）和《干部人事档案材料收集归档规定》的基础上，会同学生档案材料形成和归档部门，依据干部人事档案管理相关要求，结合本校工作实际，制定学生档案归档范围和归档要求，内容应包括高中、高考材料、学生入学材料、报考攻读硕士（博士）学位研究生登记表、博士专家推荐信、毕业生登记表、学位申请和授予材料、在校期间成绩单、就业通知书、政审材料、党团材料、奖惩材料、体检表、学籍变动（转学、休学、复学、退学）材料等。学生档案材料形成部门要规范各类表格和材料模板的设计制作，并对各类材料的填写进行指导，使其内容和形式均符合干部人事档案整理和管理要求。对于需要归入学生个人档案的重要材料需要作出标注，如"该材料办理完毕请归入个人档案"，避免重要档案材料遗落在个人手中。在接收档案材料后，要及时装入学生档案中，避免散失等情况的发生。

个人档案归档材料范围如表3-2所示。

表3-2　个人档案归档材料范围

必须归入个人档案中的材料	各学习阶段重点学籍材料，如学生（研究生）入学登记表、报考攻读硕士（博士）学位研究生登记表、博士专家推荐信、毕业生登记表、学历学位材料、在校期间成绩单等；奖惩材料；体检材料；党员发展材料，如入党志愿书、入党申请书、转正申请书等；不合格党员被劝退或除名的组织审批意见及主要依据材料；取消预备党员资格的材料；退党、自行脱党材料；恢复组织生活（党籍）的有关审批材料；入团志愿书等团员材料；加入或退出民主党派的材料等
建议归入个人档案中的材料	学生因学习过程中的动态变化，如在校期间调整专业、留级、跳级、休学、参军入伍等所形成的档案材料；学生在重大活动或比赛中获得的省部级、国家级荣誉证书；学生考取资格证书的申请表等
不建议归入个人档案中的材料	具有短期时效性的材料，不适宜归入个人档案长期保存。例如思想汇报是有效地了解和掌握大学生的思想动态和心理变化，进而有针对性地进行个性化的入党动机教育活动的载体，不应归入个人档案保存，避免增加档案负担

（11）教育主管部门制定纲领性文件。教育主管部门制定纲领性文件，从根源上规范学生档案管理工作。目前仅有部分学校出台了学生档案管理的办法，如《武汉理工大学研究生档案管理规定》《南京农业大学学生档案管理规定》。鉴于2008年《高等学校档案管理办法》中关于"学生类"的提法非常不明确，"其归档范围与教学类、科研类、党群类、行政类等类别的档案相比，显得不协调。因为其他类别的档案是由高校档案管理部门收集、保管和利用，而学生类档案是档随人走，最终要转递到学生就业单位或人才市场。显然，学生类档案应该单独制定管理办法"，呼吁教育主管部门组织各学校共同商讨、确定学生档案材料归档范围，可包括必备项（成绩单、学位材料等）和可选项（体现学

校办学特色的材料），固定格式和可选格式，对于重要的学生档案材料采用统一固定格式。加强学术成果、科研能力、心理状况、诚实守信及评奖评优等方面材料的多样化收集，并根据学生管理及就业工作需要不断充实完善。因此，教育主管部门有必要制定《高校学生档案管理办法》，优化、细化档案材料收集归档规定，推进学生档案材料归档工作的规范化、制度化、科学化，确保档案材料的完整齐全、真实可靠。

三、学生档案材料的查补

1.缺失现状（收集归档存在的问题）

（1）档案材料收集不完整。目前，高校学生档案材料收集不完整的情况普遍存在。新生入校时，新生档案材料的收集和审核把关不严，材料缺失情况较为严重，主要表现在以下五个方面。

①高考材料。网络招生以后，部分省市明确提出不提供纸质的高考报名登记表、高校招生志愿表、高校招生体检表等，而由各高校招生部门自行从系统中打印，这一举措造成这些省市学生档案中高考信息缺失。

②党团材料。党团材料是人事档案的一部分，目前学生党员材料与人事档案分离的现象越来越多，比如党员材料随组织关系存放在社区党委，人事档案则在人才服务中心，甚至因为组织关系接转需要再复印一套入党材料。一些组织机构不具备单独保管党员材料的条件，党员材料的安全性无法保障。新版《流动人员人事档案管理服务规定》要求档案管理服务机构提供党员组织关系转接服务，为党员材料与人事档案统一保管提供了制度保障。

此外，入团材料的缺失情况也普遍存在。在干部人事档案专项审核工作中，入团志愿书作为最早最先材料，是认定出生日期的非常重要的依据。但在实际情况中，许多学生在入学报到移交档案时，档案中往往缺少入团志愿书，或者入团志愿书等团员材料单独装在一个信封袋中，与学生人事档案分离，甚至有些学生档案中虽然有入团志愿书，但是没有填写内容，是一份无效的空白材料。

③获奖材料。学生在毕业求职时普遍会把自己的简历写得特别光鲜，列举诸多的获奖情况、卓越的实践操作能力等，但是学生档案的材料内容以传统的毕业生登记表、成绩单等为主，政治品德、综合素质、学术评鉴和科研获奖等方面的文件材料相对缺乏，学生在简历中罗列的各项获奖情况往往找不到对应的奖励材料作为支撑，特别是用人单位政审查阅档案时，发现部分关键材料不齐全，从而延误就业手续的办理。

④学籍材料。学籍材料是学生档案的重要组成部分，以成绩单和学位材料为主。据调查，近年来各高校档案馆补充学生登记表的查档需求逐渐增加。具有出国（境）留学经历的学生，国外学习经历及学历学位认定材料缺失严重。

⑤档案转递通知单。在经济社会飞速发展、人才流动频繁、社会保险工作不断规范的形势下，档案转递通知单的凭证作用日益突显，尤其是有过工作经历的学生，身份的改变是核对工作经历、社保缴纳记录的重要依据。实际工作中，有许多即将退休的人员来档案馆查找工作调动介绍信或者档案转递通知单。另有部分参加过工作的硕博研究生，入学前档案不转至学校，毕业后形

成两份档案，导致档案合并困难或遗失。

（2）档案材料收集不规范。

①整理不规范。新生档案在转入学校时，内部档案材料往往呈无序状态，档案内没有规范的卷内目录，档案材料没有系统的编页。此外，还经常出现学生档案袋套叠的现象，即一个档案袋内另套一个未开封的档案袋和一些散材料，未开封的档案袋里再套另一个未开封的档案袋或信封和一些散材料，导致一个档案袋里面装有数个无用的档案袋。

②用纸不规范。人事档案材料采用国际标准A4纸已基本成为共识，但是学生档案材料用纸目前仍存在大小不一的情况，例如：成绩单有A3、A4、B4、B5等纸张规格，有的页边距很小，大大增加了档案整理工作中对材料技术加工的难度；高考成绩以小纸条方式粘贴在档案袋上，非常容易掉落、丢失；高中毕业生登记表普遍是16开用纸。

③名称不规范。学历学位材料名称五花八门，在干部人事档案专项审核工作中给查档人员造成了诸多困扰。

🌐 知识链接

高中阶段的材料有普通高中学生发展报告、高中毕业生登记表、中学学籍档案等多个名称。2004年实施新课改后，山东省普通高中学生的毕业档案由"山东省普通高中学生毕业登记表"改为"山东省普通高中学生发展报告"（如图3-31所示）。2017年，山东省实行新高考综合改革，山东省普通高中学生毕业档案由

"山东省普通高中学生发展报告"更改为"山东省普通高中学生综合素质档案",名称还在不断变化。

山东省普通高中学生
发 展 报 告

学　　校 _____

姓　　名 _____

注册学号 _____

图3-31　山东省普通高中学生发展报告样例

④形式不规范。由于在《高等学校档案管理办法》中没有具体说明学生档案材料表格设置、内容填写的具体要求，实际工作中经常发现表格设置不科学（左边装订边预留过窄）、填写不规范（字迹潦草、使用圆珠笔填写等）的现象，对档案装订、长期保存以及查考利用造成严重影响。此外，各高校没有使用统一的制式表格，各自为政，造成学历学位材料规格不同，内容相异。归档方式方面，约90%的高校学历学位材料依旧是传统按件归档的方式，每个学习阶段形成若干份单独的登记表，部分高校，如清华大学、北京师范大学做到了毕业材料按卷成套归档，包括卷皮、卷内目录、归档文件，排列有序，内容清晰明确。

（3）档案材料鉴定不到位。学生档案材料的收集和归档并非将各类材料简单堆砌，而是根据其使用价值进行分类，科学排放，留存其中有价值的部分，剔除不具备保留意义的档案。但在现阶段的学生档案管理工作中，很少有高校能做好该方面的工作。学生档案材料的甄别和鉴定不严谨、不到位，直接导致有些学生档案材料缺少关键要素，如缺少意见、公章、签名和时间等。例如，某些高校毕业生在毕业参加工作后，用人单位审核其人事档案时发现毕业生登记表或者学生登记表落款缺少学生本人签名、落款日期或相关负责部门的签字和公章；部分入团志愿书是空白材料，没有填写内容；获奖证书复印件没有加盖组织公章（《干部人事档案材料收集归档规定》要求："证书、证件等特殊情况需用复印件存档的，必须注明复制时间，并加盖材料制作单位公章或干部人事关系所在单位组织（人事）部门公章。"）；甚至部分学生档案内容有粘贴、涂改现象。

（4）档案材料归档不及时。在毕业生档案转出前的核查整理工作中，时常出现党员材料、获奖材料、学位授予材料缺失的问题，甚至有新生档案迟迟不进档案馆保存，导致转出的档案不齐全完整。

造成此类现象的原因首先是收集归档制度不健全，宣传力度不够，师生的归档意识比较薄弱，重视程度不够。其次是档案管理人员责任心不强，不能积极主动及时跟踪收集，造成档案材料不能及时归档。

《干部人事档案工作条例》规定："材料形成部门应当按照相关规定审核材料，在材料形成后1个月内主动向相应的干部人事档案工作机构移交。"学生档案材料的归档须遵循入学、评奖评优、毕业及教学计划等事项的时间节点，且受就业落户、政审查档等工作时限的限制，应在文件办理完毕后及时归档。

▼ 案例解读

学生入党转正后，其入党材料应及时归入本人档案，但党组织人员有时未能及时将入党材料转交给档案管理部门，而是暂时存放起来，时间一长就忘了。一直到学生毕业档案转到工作单位或者升学时，相关单位才发现缺少入党材料。有些材料经过追踪能找到，有些却已经遗失了，这给当事人造成非常大的麻烦。

党组织人员应加强党员档案管理意识，提升党员档案管理水平，具体可采取提前整理材料、建立电子档案、定期检查与维护档案等，避免此类情况发生。

2.缺失原因

（1）存在"弃档"现象。"弃档"是指档案所有人因为各种原因放弃自己档案的行为。弃档造成了学生档案的部分缺失或整体缺失。一般来讲，学生弃档的原因主要是部分学生对自身档案的忽视或不重视。高校学生档案是学生在校期间的学习生活及各种社会实践活动的真实记录，是学生就业及今后各单位选拔任用、考核的主要依据，也是国家人事档案的组成部分。但部分学生认识不到学生档案与今后工作的关联性及重要影响，认为只要拿到了毕业证，有没有档案也无所谓，导致他们在毕业时对个人档案置之不理，甚至直接放弃，从而造成了本人的人事档案中只有工作以后的材料，缺少学习经历材料。

（2）现有规章制度不完善。

①归档范围不明确。学生档案材料归档范围一直参考干部人事档案的相关规定，但是《干部人事档案材料收集归档规定》中关于学生档案材料的归档范围并不明确，学生档案没有统一的归档标准，各个学校归档材料差异非常大。实际的学生档案中材料内容纷繁复杂，如学位论文、团员证、试卷、报考过程记录、论文答辩审核情况、发展党员的表决票、学生学年小结表、复试表、于各类报刊上发表的论文、无法认定真伪的荣誉证书复印件，还有各类无重要信息内容的信封等，材料用纸量巨大，不仅不利于低碳环保，而且增加了整理和转递的成本。

②缺少权威性。目前全国关于专门档案管理的文件并不缺少，如中共中央组织部印发的《干部人事档案材料收集归档规定》，财政部、国家档案局印发的《会计档案管理办法》（财会字

〔1998〕32号），国家档案局、水利部、国家能源局印发的《水利水电工程移民档案管理办法》（档发〔2012〕4号）等，但没有专门的学生档案管理规定。教育部、国家档案局印发的《高等学校档案管理办法》虽然增加了"学生类"档案，但从其包含的内容来看，并没有完全反映学生在德、能、智、体各种方面的活动。

③缺少规范性。《高等学校档案管理办法》增加了学生类档案，有些省、自治区、直辖市制定了学生档案的管理办法，许多高校也印发了学生档案的管理文件，但并不规范。如《高等学校档案管理办法》中的学生类档案，其归档范围与教学类、科研类、党群类、行政类等类别的档案相比，显得不协调。因为其他类别的档案是由高校档案管理部门收集、保管和利用，而学生类档案是档随人走，最终要转递到学生就业单位或人才市场。显然，学生类档案应该单独制定管理办法。

④缺少指导性。高校的学生档案管理没有一个统一的指导性文件，许多高校各自为政，学生人事档案材料的归档范围五花八门。而《高等学校档案管理办法》虽然增加了学生类档案，但归档范围并不全面，如学生实习（实践）材料、出国材料等都不在此列，缺少执行力，没有指导价值。

🌐 知识链接

《××省高等学校档案管理办法》中对学生类档案作了明确的划分，提出"学生类档案在实际操作中应当分为两种，一种是随学生毕业、就业而派遣的学生人事档案材料；另一种是由高校档案机构永久或定期保存的与教学、科研等活动相关的学籍类文件材料。两种学生类档案在归档范围、工作流程、管理模式与体制等方面应当区分开来，并制定相应的管理办法。前者作为高校专门档案管理，后者纳入高校综合档案管理"。

（3）档案转递不及时。学生从某一学习阶段毕业时，应当档随人走，但有些档案管理部门并没有严格执行档案转递制度。

▼ 案例解读

在职攻读学位的人员毕业后，就读学校没有及时将其学籍档案转入原工作单位，或者有些学校不按照规定转递学籍档案，而是将学籍档案材料交给本人，本人又没有及时把档案交到工作单位或者下一学习阶段学校的档案管理部门，而是留在自己手中保管，造成本人档案中学习经历材料不完整。

（4）档案损毁或丢失。学生档案材料在收集、整理、保管、转递、利用等环节可能因为管理不善、管理技术限制、违规操作等造成档案材料的缺失。

例如因保管不善造成档案材料丢失或损坏；发生地震、火灾等自然灾害造成档案损毁；收集档案材料时对一部分材料进行有意识剔除，如学生的处分材料；整理归档时不注意而漏掉材料；在利用过程中违规操作，私自剔除某些材料；转递档案时材料收集不齐，不能全部转出，或分批转出，或不按规定交给个人携带而造成档案丢失或损毁等。

3. "补档"现象与学生档案材料收集的相关性

高校学生档案材料的收集工作是高校学生档案管理工作最基础和最重要的环节之一，它与"补档"现象的产生有着密切的关系。

（1）"补档"是完善学生档案材料的有效途径。学生档案材料收集得齐全完整，内容充实，能全面真实地反映学生的成长经历，做到"档如其人""档即其人"，才能使其发挥应有的作用，才能在学生毕业时帮助用人单位更好地了解学生和正确地聘用人才。否则，会产生"无档可查"或"查了不能解决问题"的现象，影响用人单位对人才的正确评价与使用，甚至导致错用人或埋没人。因此，为了保证学生档案的真实、完整、准确，可采用"补档"的方法，这是加强学生档案材料收集工作，完善学生档案材料的有效途径。

（2）"补档"现象与高校学生档案材料收集工作的关系。"补档"现象反映了高校学生档案管理工作水平。高校学生档案管理规范化、科学化、制度化建设得越好，高校学生档案材料收集得就越齐全，"补档"现象就越少；反之，就增多。因此，做好高校学生档案材料的收集归档工作是减少或避免"补档"现象产生的有效措施。

4. "补档"渠道和途径

（1）学生档案材料"补档"渠道。如表3-3所示，因为学生档案材料内容复杂多样，各高校的管理体制和部门机构设置具有一定的差异性，无法逐一说明所有学生档案材料的查补渠道和方法，需要根据实际情况作出具体判断，因此仅对学生档案材料中重要的、具有普遍性的核心材料作出"补档"渠道的相关指导说明。

表3-3　学生档案材料"补档"说明

缺少档案材料	可替代材料	查补部门
高中毕业生登记表	高中学籍表/卡、高中学生档案、高中发展报告等高中学籍材料	高中学校教务部门或相关部门
高考报名表、体检表	高考录取花名册	本科学校档案馆或招生录取部门
学生登记表	学籍表等	本科学校教务部门或档案馆
本科、硕士、博士学位	学位授予证明、学位证书复印件盖章	本科学校学位授予部门或档案馆
硕士、博士研究生登记表	入学登记表、学籍表等	研究生学校研究生院等培养部门或档案馆
硕士、博士报考表	录取登记表	研究生学校研究生招生部门或档案馆
团员材料	团员证明	原组织关系所在部门

①缺少入团志愿书等团员材料，可以到初中或高中毕业学校团关系所属组织查补。若无法提供材料原件，可以到初中或高中学校相关部门开具团员证明。

②缺少高中学籍材料，如高中毕业生登记表、高中学籍表/卡等，可以到高中毕业学校教务部门查补。若无法提供材料原件，可以到高中学校相关部门开具同等学力相关证明。

③缺少高考材料，如高考报名登记表和高考体检表等，本科生可以到原籍高考招生相关部门查补，或者到高校招生部门打印高考电子档案，硕士和博士研究生可以到本科就读高校的档案馆管理部门查补普通高等学校录取新生名册。

④缺少本科阶段的学籍材料，如学生登记表、授予学士学位证明、本科成绩单、高校毕业生登记表等，可以到本科就读院校的档案管理部门或者教务部门查补。

⑤缺少硕士、博士阶段的学籍材料，如硕士录取登记表、报考攻读博士学位录取登记表、硕士或博士研究生成绩单、论文评阅书等，可以到硕士、博士就读院校的档案管理部门或研究生院等相关部门查补。

⑥缺少入党志愿书等党员发展材料，可以到党组织关系所属组织部门进行查补。

⑦缺少工作材料（特指有过工作经历的学生的档案材料），可以到原工作单位查补。

⑧缺少完整的学生档案，即学生在入学时个人档案没有转入学校，应尽快联系档案所在单位将个人档案转至录取院校档案管理部门。

（2）学生档案材料"补档"要求。对学生补交的档案材料要逐一进行认真、准确的审核和鉴别，严格把关，接收的档案材料必须为原件或加盖出具材料部门公章的复印件，并做好接收及归档记录，对于内容有涂改、填写不规范、手续不完备、重复无效的材料绝不能接收归档，坚持档案管理工作原则，保证档案材料的真实性和准确性。

有问必答

问：如果因客观因素无法补齐缺少的档案材料，应该怎么办？

答：可与其签署《学生档案材料缺失知情承诺书》，详细列出档案中缺少的材料内容，以书面形式明确告知学生本人档案中的材料缺失情况，以及由此可能造成的后果，明确责任归属，由学生、学生所在学院、学校档案管理部门三方签字确认，一式三份保存并归档。学生档案材料缺失知情承诺书可参考图3-32样例。

学生档案材料缺失知情承诺书

本人姓名_____，学号_____，专业_____，学院_____，身份证号：_____。经XX学校工作人员审查，已通知本人档案中缺少下列材料：

☐入团志愿书　　　☐高中毕业生登记表　　☐高考报名表

☐高考体检表　　　☐本科学生登记表　　　☐本科生成绩单

☐研究生成绩单　　☐研究生报考表　　　　☐研究生登记表

☐博士专家推荐书　☐博士报考表　　　　　☐博士生登记表

☐博士生成绩单　　☐入党志愿书

其他须注明材料：

1._____

2._____

3._____

4._____

现因_____（原因）无法补充提交，本人对上述情况知情，并承诺因此造成的一切后果由本人承担。

XX学校档案馆　　　　　XX学院　　　　　本人签字：
（盖章）　　　　　　　（盖章）　　　　年　月　日

图3-32　学生档案材料缺失知情承诺书样例

四、学生档案材料收集的数据化管理

1.改进信息收集方式

在学生档案管理工作中，需要合理应用大数据技术进行数据收集，确保实现学生信息全面覆盖，保证信息采集框架的全面性，对学生发展相关信息进行全面收集，确保档案精确性和精细化。在现代社会条件下，需要统一管理档案资源，在具体工作过程中，首先需要进行数据输入目标的合理构建，确保档案管理观念的先进性，进行数据收集范围的有效拓展，同时心理咨询师和学校辅导员还需要记录学生学习生活过程中的动态档案，对学生日常学习过程中产生的相关视频、数据和文献进行有效收集，为学校档案管理工作制定统一的管理策略，确保能够实施大数据处理，保证在动态输入过程中，辅导员能够轻松掌握相关标准，更为方便地提取相关数据。与此同时，还需要确保数据的预测性，通过进一步分析和挖掘相关数据，科学判断和预估其未来发展趋势，确保在制定相关决策时具有更为全面的理论依据。基于此，高校档案管理人员需要深入挖掘和具体分析学生日常表现，确保在进行管理工作过程中有更为有效的理论依据。例如学校在进行学生心理档案构建过程中，可以利用可视化技术进一步呈现学生心理健康状况，进而对学生心理健康信息进行更为直观的测量，确保心理健康档案的实时性，使其能够更高程度地促进学生全面发展。

2.整合各项资源

高校学生档案是组成学生档案信息的重要部分，全面记录学生心理状况、品行状况、政治思想状况、学习成绩等基本信息，档案管理人员需要实现自身管理理念的有效提升，确保档案管理意识的敏锐度，有效记录学生管理工作、具体教学状况和学生信息，确保顺利开展科研、管理和教学等工作，更高程度保障资源配置的合理性。基于此，高校需要进一步重视档案管理工作，有效融合相关资源。例如，学校在进行课程设置时，合理应用学生档案数据，科学实施信息筛选，基于学生时间对上课时间合理安排。高校还可以进行学生档案信息库的合理构建，对学生日常表现、心理健康、政治思想、奖学金、考试成绩等方面的情况进行有效记录，确保档案管理工作能够进一步推进，保证相关工作开展的高效性，为高校建设提供更高程度的保障。

3.构建信息平台

在现代社会的不断发展过程中，高校档案管理工作人员如果要确保学生个人信息运行的整体性，需要合理应用大数据处理技术进行相关数据平台的合理构建。在进行具体工作过程中，首先，需要基于该技术的综合特点，合理应用多种方式对相关信息实施网络化管理，为构建信息平台奠定坚实的基础。在档案数据信息中心进行具体构建，确保有效统合院校各项数据信息和学校所有职能部门。其次，需要对路由器、交换机、数码相机、扫描仪、计算机等设备及时更新，科学构建信息化服务器，确保其独立性，同时还需要进行专职维护人员的合理配备，对相关数据及时保存与更新。最后，由于高校数据量迅速增加，相关部门需要确保管理软件的先进性，基于多种数据信息特点、数据信息来源和数据信息格式进行信息平台中心的合理构建，确保在访问、查询以及综合管理相关数据信息时具有更为充足的条件，进一步推进高校建设进程。

4.开发分析工具

高校在进行学生档案管理工作过程中，需要综合分析具体情况，基于具体工作需求对数据分析工具合理建构。在开展相关工作时，高校不仅需要充分发挥自身人才优势，同时还需要有效联合相关科技企业，对学生档案信息进行更为有效的挖掘。例如，通过进一步分析学生档案数据，能够对学生行为和行为类型进行有效区分和合理预测，通过分析学生图书馆和宿舍出入记录、个人成绩及"一卡通"消费状况，能够科学掌握学生心理状态，确保在发现学生出现心理问题时及时进行疏导。通过深入分析学生"一卡通"消费和考勤情况，进一步了解学生生活状况，更高程度确保勤工俭学岗位分配的合理性。目前在我国高校建设过程中，进行学生住宿管理、奖学金申请和资助管理等相关工作时已经实现教学管理系统的初步应用，院校师生对此也比较认可。在信息技术高速发展的今天，高校在开展相关工作时，需要进行数据分析并对这些数据分析结果充分利用，确保数据分析工作具有更高的实效性。

5.提升信息安全性

在大数据技术的应用中，信息数据安全问题一直是被关注的重点，因此，在高校学生档案收集工作中，也要保证档案信息数据的安全性。传统的档案管理工作依靠人工操作实现，时有档案丢失的情况发生，而在大数据时代下，档案信息的数量庞大，一旦发生信息数据丢失或者被盗用的情况，就会产生严重的后果，这也对档案信息保管提出了要求。首先，结合大数据技术发展特点，高校要建设档案信息安全管理体系，提高确保档案安全的技术水平，可以为档案系统设置防火墙等，以大数据技术为基础，强化档案收集工作环节中的安全防线。其次，高校可以对管理人员的工作权限进行制约，在系统中加入身份识别功能，管理人员需要使用账号及密码才能进入管理系统。此外，在共享档案资源的过程中也要操作规范，以确保档案信息的安全性。对于重要的档案，要及时进行备份，防止数据丢失。

第四章

学生档案的利用

档案利用是档案管理部门以存放的档案材料为依据，通过一定的方式和方法，为其他工作提供服务的一项业务工作，是档案工作发展的动力。只有充分利用档案进行有效的服务，使档案产生社会效益和经济效益，才能真正发挥档案的作用，真正体现档案的价值。

　　学生档案是学生发展和成长的见证者，对学生的学识能力、经历、品德等主要情况都有准确而全面的记录，学生档案管理部门对学生档案材料的收集、鉴别、整理和保管等一切工作都是为了学生档案的利用；学生档案也是学生步入社会的"敲门砖"，为学生就业和用人单位选拔人才、充分发挥人才优势提供可靠的依据。所以，学生档案工作既要做好保密工作，又要合理有效地开展档案利用服务，以利于充分发挥学生档案的作用和价值，这也是学生档案工作的出发点和最终目的。

一、学生档案利用的原则

　　学生档案自学生入校起至学生毕业离校，一般都保存在学生档案管理部门。学生档案作为机密文件，其利用必须在维护学生档案材料的秘密性和安全性的前提下进行。档案管理人员应严格按照要求及规定，遵循规定的审批程序，积极稳妥地为利用者提供便利优质的服务。对档案进行合理利用，能够提供有关人员的情况和证明、证据材料，充分体现档案的资政作用和凭证价值。

　　学生档案利用的基本原则如下：

1.严格管理

学生档案管理部门应健全档案利用制度，明确学生档案利用的范围、事由、批准权限、流程手续及查阅注意事项等，保证学生档案利用工作有章可循。

2.安全保密

利用学生档案时必须严格遵守保密制度，应在指定的阅档室查阅，保护被查阅人的隐私，不向无关人员泄露档案内容或擅自向外公布档案内容。

3.程序规范

校内外相关人员因工作需要利用学生档案，必须按规定履行相关报批审核手续。学生档案管理部门应对档案利用需求进行审查，确保符合规定、手续完备，并在档案管理人员在场的情况下办理档案利用手续，提供相应的学生档案利用服务。

4.方便利用

正确把握学生档案保密与开放之间的关系，区别不同的情况，科学合理满足学生档案利用的需求。

二、学生档案利用的事由

学生档案利用服务主要包括校内利用和校外利用两类，一般涉及的事由是必须通过利用学生档案才能完成的工作任务，以研究解决当事人的问题为主，主要包括：

①新生复查、学籍异动等；

②发展学生党员、党员教育、党员管理等；

③学生干部选拔、考核等；

④学生表彰奖励、评优评先等；

⑤学生违规违纪违法问题调查处理等；

⑥依据档案记载，复印、出具证明，如学籍、学历、档案存放、出生证明、亲属关系等相关证明材料；

⑦涉及学生本人的出国留学、考公、公证、升学或本人及直系亲属入党等事宜；

⑧学生就业单位考察、政审；

⑨在日常管理中，熟悉了解学生，研究、发现和解决有关问题等；

⑩其他因工作需要利用学生档案的事项。

有问必答

问：在校生的个人档案可供学生本人利用吗？

答：学生档案包括学生高中阶段、大学阶段等的各项材料。学生原则上不能查阅自己的人事档案，若确需查阅本人档案的，查阅鉴定类档案信息，如党（团）材料，须持学院签章、学院负责人签字的介绍信，由学院学生档案专（兼）职管理人员或学生所在班级辅导员到馆查阅。查阅非鉴定类档案信息、非学籍学历信息等，学生可持本人有效身份证件，由档案馆档案管理人员代为查阅，并提供相关证明，学生本人不得翻阅档案。用人单位政审学生档案时，学生本人需回避。若用人单位不能到档案馆政审，可委托学生所在学院辅导员或学院相关工作人员代为查阅，并提供相关档案复印证明，但不得复印全套档案。

三、学生档案利用的方式

按照不同的划分标准，档案利用服务可以分为多种类型，在实际工作中比较常见的是按照服务设施和方式的不同来明确档案利用服务的方式，如图4-1所示，可以分为阅览服务、档案的外借、制发档案复制本、档案证明、档案目录、档案展览、档案咨询、信息化环境下档案开发利用等方面。

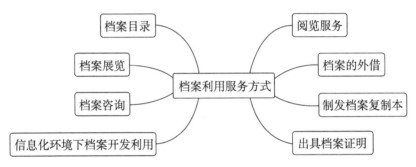

图4-1　档案利用服务方式

学生档案管理部门在符合档案利用服务规定的范围内，所能提供的利用服务的具体形式（如图4-2所示），主要包括查阅、借阅、复制、摘录、调取、出具证明等。

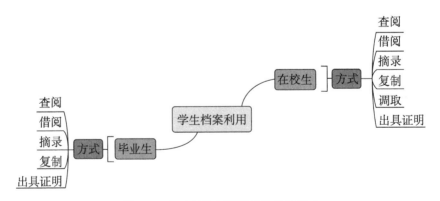

图4-2　学生档案利用服务的具体形式

1. 查阅

查阅是学生档案利用的主要方式，即校内外相关工作人员在履行查阅手续后，到学生档案管理部门提供的阅档处查看所需要了解的学生档案材料。摘录、复制利用方式存在于查阅过程中。

作为学生档案利用的主要方式，查阅适用于普遍的利用需求，不仅有利于档案利用，还有利于档案保密，材料不出门，可以有效地防止利用中的泄密和丢失。同时，到档案室查阅，一方面档案周转速度快，有利于及时地给多方面提供利用服务，另一方面便于查阅者得到学生档案管理人员的指导和帮助。

为方便利用者查阅档案材料，学生档案管理部门应提供固定的查阅场所，为查阅创造良好的环境条件。阅档场所、整理场所、办公场所应"三分开"，避免混用，这样既便于查阅档案，也利于学生档案的保管和安全。

校内有关部门因工作需要查阅学生档案，须严格履行查阅审批手续，审批同意后，按规定查阅学生档案，并予以登记。

校外人员因工作需要查阅学生档案，应持单位组织、人事部门或公安、保卫部门的查档介绍信，出具有关身份证件，说明查询内容及目的，履行查阅审批手续，审批同意后，方可查阅。查阅人须按规定完成书面登记工作，查阅学生档案只许摘抄，必要时可复印，但须加盖档案馆复制专用章，禁止拍照、外带。

学生本人和直系亲属不得查阅学生个人档案。如确有特殊原因（毕业联系工作、办理出国手续、开具证明等）需要复制有关本人档案证明材料，应当由学生本人书面申请或委托他人持书面委托书及被委托人有效身份证件，说明使用意图，向相关部门申请，审核批准后，按规定办理相关事宜。学生个人持本人学生证或身份证可利用本人非鉴定性材料，如成绩单等。

 有问必答

问：学籍档案查询、利用有什么手续吗？

答：本人办理学籍档案材料时，需要出示个人身份证、毕业证或学位证原件。

替他人代办学籍档案材料时，需要主动出示查询人证件，并带上被查人的身份证、毕业证或学位证复印件、委托书。

用人单位办理员工学籍档案材料时，需提供单位介绍信，查询人身份证及被查人的身份证、毕业证或学位证复印件。

2. 借阅

借阅是单位为了完成某项工作，通过查阅不能满足其需求时，必须将学生档案或学生档案材料借出而采取的一种利用方式。

考虑到档案的安全问题，学生档案原则上不予外借，只能在阅档室查阅。在实际工作中，如果单位（部门）确因工作需要借阅学生档案或学生档案材料，借阅单位（部门）需要出具介绍信，说明借阅理由，严格履行借阅手续，经相关部门审批同意后，方可办理借出。档案借出前，需认真登记并明确归还时间，并在归还时间内归还借出档案，严禁擅自转借他人。外借学生档案归还时，档案管理人员应根据档案目录核对材料，确认无误后履行归还手续。

 知识链接

查阅是人事档案利用的主要方式，外借是为满足人事工作某种特殊需要而采取的一种变通的服务方式。《干部人事档案工作条例》和《企业职工档案管理工作规定》都明确要求凡查阅人事档案，利用单位应派可靠人员到保管单位查阅室查阅，档案一般不外借。之所以做出这种规定，是因为档案被借离保管单位后，借用单位的保管条件没有人事档案部门规范和安全可靠，外借会加速档案的磨损老化，缩短档案的寿命；人事档案借出后，被哪些人查阅摘抄、复制等利用情况难以被及时了解和控制，容易造成失密和泄密；人事档案属于"孤本"，借出后就无法满足其他利用者的查阅需求，若借出过多、过于频繁，将会影响正常的利用服务。

3.调取

调取利用方式，一般由单位党组织实际工作而定，最好限本单位内调取利用。因本单位组织部门工作要求，需要调取学生党团材料的，须经相关部门审批同意后，履行调取手续，方可小理党团材料调取。依据学生个人党员发展实际情况，考虑调取的党团材料是否归入学籍档案或由培养单位负责保管。

4.出具证明

档案证明是根据党政机关、行政部门的要求，由自然人、相关部门、企事业单位提出申请，在档案中查找是否存在、是否有效、是否真实的证明过程。开具档案证明是一件严肃、细致的工作，要求从事这一工作的档案管理人员具有高度的责任感和良好的职业操守，忠于档案的原始性，根据档案的内容如实开具证明材料。在某种程度上，档案证明具有一定的法律效力。

当学生档案利用者为核查某种事实在档案中的记载情况，需要学生档案中的某份材料作为凭证时，存档单位根据档案利用者的申请，按照程序履行相应手续后，根据档案原件出具档案中已记载情况的证明。

存档单位不是公证机关，不能代替其他部门的职权和任务。存档单位出具的证明，只能反映单位、部门或者个人要求证明的某个事实在档案中有无记载和在何处记载，不能直接对某个问题下结论或附加结论，也不能擅自对档案材料做出解释。在实际工作中，发现档案的原文在内容方面有矛盾时，学生档案工作人员应把几种不同的档案信息内容一并列入档案证明，以供档案利用者分析、研究和参考。

出具证明类型一般包括：存档证明、生育情况证明、无刑事和行政处罚记录证明、政治面貌证明、亲属关系证明、录取证明、各类公证信函证明及其他证明。

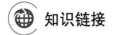 知识链接

《干部人事档案工作条例》规定，因工作需要，符合下列情形之一的可以查阅干部人事档案：政治审查、发展党员、党员教育、党员管理等；干部录用、聘用、考核、考察、任免、调配、职级晋升、教育培养、职称评聘、表彰奖励、工资待遇、公务员登记备案、退（离）休、社会保险、治丧等；人才引进、培养、评选、推送等；巡视、巡察、选人用人检查、违规选人用人问题查核、组织处理、党纪政务处分、涉嫌违法犯罪的调查取证、案件查办等；经具有干部管理权限的党委（党组）、组织人事部门批准的编史修志，撰写大事记、人物传记，举办展览、纪念活动等；干部日常管理中，熟悉了解干部，研究、发现和解决有关问题等；其他因工作需要利用的事项。

四、学生档案利用的流程

本部分以北京联合大学学生档案利用为例，主要介绍学生档案查（借）阅、开具证明等利用服务的流程手续。

1. 学生档案查阅

学生档案查阅是最常见的学生档案利用方式。

（1）校外查阅申请人员提交有效介绍信，提交查阅档案的申请材料，说明查阅理由、查阅内容。

（2）查阅申请人员（校内或校外）填写"学生档案查阅审批表"（样例如图4-3所示），填写清楚查阅人和被查阅人的姓名、单位和职务、政治面貌及查阅事由和内容，提出档案查阅申请。

北京联合大学学生档案查阅审批表

填表日期：　　　年　月　日

项目 ＼ 内容	姓名	单位及职务	政治面貌
查阅人			

项目 ＼ 内容	年级	姓名	所在培养单位	政治面貌
被查阅人				

查阅事由及内容	填写齐全需查阅事由及具体内容；如需摘录，须写明摘录要求并列出材料明细。
学生所在培养单位（部门）意见	由学生所在培养单位（部门）的负责人签字同意并加盖公章。 负责人意见： 负责人签字：　　　　　　　　　　　（盖公章） 　　　　　　　　　　　　　　　年　　月　　日
备　注	

说明：1. 此表可下载、可复印；

　　　2. 此表用黑色签字笔填写，审批后由档案（校史）馆保存。

图 4-3　北京联合大学学生档案查阅审批表样例

（3）学生所在培养单位（部门）审核申请材料和"学生档案查阅审批表"是否合格。对不满足办理查阅档案条件的，不予受理；如果满足办理条件，报领导审批，审批通过签字盖章后，到学生档案管理部门办理查阅手续。

（4）学生档案管理人员登记档案查阅信息，填写"学生档案查阅登记表"。

（5）查阅申请人在"学生档案查阅登记表"上签字确认后，在阅档室查阅档案，学生档案管理人员对查阅过程进行监控。阅档完毕后，学生档案管理人员清点档案材料，对查阅过程中出现的涂改、圈划、抽取、撤换档案材料等情况按照相关规定进行处理，确认无误后，将学生档案归还档案库房入库。

2. 学生档案借阅

学生档案原则上一律不外借，确因特殊原因外借的，须逐级请示。校内部门借阅学生档案，需要经过严格的审批流程。

（1）借阅申请人员（校内）填写"学生档案借阅审批表"（样例如图4-4所示），填写清楚借阅人和被借阅人的姓名、单位和职务、政治面貌、借阅时间、借阅事由和内容，提出档案借阅申请。

（2）学生所在培养单位（部门）审核申请材料和"学生档案借阅审批表"是否合格，对不满足办理借阅档案条件的，不予受理；如果满足办理条件，报领导审批，审批通过签字盖章后，到学生档案管理部门办理借阅手续。

（3）学生档案管理人员登记档案借阅信息，填写"学生档案借阅登记表"。

（4）学生档案管理人员取出借阅的学生档案，整理并密封。

（5）借阅申请人在"学生档案借阅登记表"上签字确认后即可取走档案。

（6）借阅申请人应在借阅期限内归还档案，如超期未归还，学生档案管理人员进行催还。

北京联合大学学生档案借阅审批表

填表日期： 年 月 日

项目＼内容		姓名	单位及职务	政治面貌
借阅人				

项目＼内容	年级	姓名	单位及职务	政治面貌
被借阅人				

借阅时间	填写齐全借阅档案的起止时间。
借阅单位（部门）意见	由借阅单位（部门）的负责人签字同意并加盖公章。 负责人意见： 负责人签字： （盖公章） 年 月 日
学生所在培养单位（部门）意见	由学生所在培养单位（部门）的负责人签字同意并加盖公章。 负责人意见： 负责人签字： （盖公章） 年 月 日
备 注	

说明：1. 此表可下载、可复印；

　　　2. 此表用黑色签字笔填写，审批后由档案（校史）馆保存。

图 4-4 北京联合大学学生档案借阅审批表样例

（7）借阅申请人归还档案。学生档案管理人员审核归还档案，已数字化加工的，通过数字图像比对；未数字化加工的，直接清查；出现涂改、圈划、抽取、撤换档案材料等情况，按照相关规定进行处理。确认档案材料无误后，申请档案袋出库；不合格的，填写"归还档案问题登记单"，借阅申请人须签字确认。

（8）填写"档案外借登记表"，登记归还信息，签字确认；将归还的学生档案入库。

3.开具证明

申请人向所在培养单位提交需要开具证明的申请材料，经所在培养单位审核，报学生档案管理部门审批同意后，由所在培养单位履行档案利用程序，即可提供开具证明服务。

（1）申请人提交需开具证明的申请材料。

（2）所在培养单位审核申请材料是否合格。若申请材料不合格，则告知申请人原因，不予受理；若申请材料满足办理条件，则审核通过。

（3）培养单位报档案管理部门审批同意后，履行档案利用程序，根据档案记载信息，培养单位出具证明并登记；若不符合办理条件，告知申请人原因。

（4）申请人领取证明。

第五章

毕业生档案的管理

一、毕业生档案的重要性

毕业生档案全面反映了毕业生本人在主要学习特别是学历教育阶段的综合表现，是毕业生走向社会后形成的人事档案的重要组成部分，成为用人单位考察和了解毕业生知识能力和思想品德的重要凭证，因此毕业生档案对于学生个人的职业生涯和发展非常重要。

对于毕业生个人来说，考研、考公务员、留学、求职等，都要用到档案。如果计划进一步深造，档案中的成绩单和其他相关材料将是非常重要的申请资料；在申请某些职位或参加公务员考试时，需要证明自己的学历和资格，档案可以作为求职时的证明文件帮助验证个人的教育背景和经历；考取公务员或进入事业、企业单位工作时，在职业生涯中定级、调资、任免、晋升、奖惩等方面的呈报审批材料都要记入本人档案，作为评价依据，对于一些要求严格的职业路径（公务员、事业单位等），完整的档案记录是晋升和发展的重要依据；档案可以帮助确认个人的社会保障权利，比如工龄、待遇、退休金等的确定是以个人档案的记录为依据；在涉及法律问题时，档案也可以作为个人身份和经历的有效证明。

⊟🗝 有问必答

问：毕业生档案是人事档案吗？它有哪些作用？

答：毕业生档案是记述和反映毕业生政治面貌、学习经历、思想表现以及家庭状况、奖惩记录等的综合材料，是人事档案的重要组成部分，是用人单位选拔、聘用毕业生的重要依据。

从学校转出的毕业生档案成为人事档案，并在后续不断记载个人学习工作经历、政治品质、思想认识、专业素养、工作实绩、遵纪守法以及家庭社会关系等情况，在招聘录用、政审考察、公证信息、职称评定等人事管理和服务中起着凭证、依据和参考的作用。

二、毕业生档案的内容

1.毕业生档案中有三个重要的时间点：出生日期、参加工作时间、入党时间

毕业生档案中常见的材料包括：党团资料，如入团、入党申请书，思想汇报，转正申请书等；学历学位信息，如毕业生登记表、体检报告、思想品德考察表、招生志愿表、从高中起的成绩单；奖惩材料，如优秀党员称号、国家科技奖等；人事信，如职工履历表、转正定级表、历年考核表、工资变动表等；证明考核材料，如没有参加违法活动的证明，在突发事件、重大政治事件中的表现记录；其他重要个人事项信息等。

2.归档要求

（1）归档材料应当完整、真实、文字清晰、对象明确，有形成材料的主办部门（单位）印鉴及日期。凡规定由组织审查盖章的，应当加盖公章。规定要同本人见面的材料（审查结论、复查结论、处分决定或意见、组织鉴定等），应当有本人的签字。

（2）归档材料应使用规范的办公用纸，文字须是铅印、胶印、油印或用蓝黑墨水、黑色墨水、墨汁书写，不得使用圆珠笔、铅笔、红色墨水、纯蓝墨水和复写纸书写。

（3）归档材料应当是原件，特殊情况存入复印件的，应当在复印件上注明原件保管单位，并加盖公章。归档材料必须是办理完毕、手续完备的正式有效文件。

🌐 **知识链接**

国家公务员政审主要强调考生本人思想进步、品德优良、作风正派，有较强的组织纪律性和法治观念。政审有两种方式，分别是面审和函审。面审就是招考单位人事部门到拟录用人所在单位实地调查访问，通过查看人事档案，约谈拟录用人的部门领导、直接主管以及人事主管等方式了解情况，最终形成政治审查报告；函审指的是招考单位人事部门通过发公函的形式调取拟录用人的档案，通过档案完成政治审查。

三、毕业生档案的转递

1.个人档案的去向因就业状况的不同而异

（1）到机关、国有企事业单位就业或通过定向招生就业的，档案转递到就业单位或定向单位；

（2）到非公有制单位就业、灵活就业以及自主创业的，档案转递到就业创业地或户籍地公共就业人才服务机构；

（3）在超大城市就业的，具体政策要咨询当地人社部门；

（4）未就业的，可以根据本人意愿将档案转递到户籍地公共就业人才服务机构，或按规定在高校保留两年。

2.应届毕业生档案去向解读

（1）如果工作了，档案去向需考虑工作单位是否有保管权限。若工作单位有档案管理权限，可以将档案发至就业单位；若工作单位没有档案管理权限，可以由单位委托所在地人力资源市场进行管理，也可以发至生源地的人力资源和社会保障局进行管理。

（2）如果没有工作，正处于待业期，可以根据政策申请档案留校管理，待落实工作单位后，将档案迁至工作单位所在地。申请档案留校超过两年仍未落实工作的，学校将其档案迁回生源地，也可以发至生源地的人力资源和社会保障局进行管理。

（3）如果继续求学、读研，档案可发至继续深造的学校进行学籍档案管理；如果准备"二战""三战"，可以申请档案留校管理，被成功录取后，及时到校进行档案调动。两年之后如果还没调动，其档案会被发至生源地，也可以发至生源地人力资源和社会保障局进行管理。

3.具体性质的毕业档案转递

学生档案流动性强，学院学生档案管理员在收集档案材料时应仔细核查，确保材料真实、完备（注意签名和公章）并及时归档。升学至校外、退学、转学、肄业、毕业就业等情况一经发生，应及时督促学生办理相关离校手续及向学生档案部提供档案接收单位信息，确认其档案接收单位是否具有机要收寄资格，避免拖延积压。

如果出现玩忽职守，造成学生档案损坏、丢失或者擅自销毁学生档案，违反保密规定，擅自提供、抄录、复印学生档案，涂改、伪造学生档案，出卖、赠送、交换学生档案，不按规定归档，拒绝归档等行为及其他违反国家档案法律法规的行为，应当依法对直接负责的主管人员和其他直接责任人员进行处分；构成犯罪的，由司法机关依法追究相关责任人刑事责任。

（1）应届毕业生。常规毕业学生档案由学校整理、归档，并由相关部门按"就业协议"单位地址进行转递。

有问必答

问：升学的毕业生，升学后人事档案存放在哪里？

答：一般规定，因为没有参加工作，所以我们的档案不能跟随我们放到人事单位保管，如果毕业当年继续升学，凭升学录取调档函，将学生档案转递至升学单位。如果是在大学毕业后两年内考研、考博，那么可以向学校申请暂缓就业，因为仍在两年的择业期内，可以要求学校继续帮我们保管档案。另外，还可以把自己的档案存放到户籍所在地的人才中心，这里是国家专门开设的保管档案的机构，档案放在这里没有时间的限制，也是非常安全的，不会出现破损丢失的情况。

（2）因公、因私出国。因公出国攻读学位的毕业生档案，根据教育部的有关规定，可保留在学校。如无需暂存档案，学生本人须提供档案接收单位信息，交由学校将其档案转出，一般将其档案转至教育部（中国）留学服务中心留学人员档案室或户籍所在地的人力资源和社会保障局（或人才交流中心）委托保管。档案存放至户籍地档案保管机构后，如想把档案转至教育部（中国）留学服务中心留学人员档案室，可登录教育部（中国）留学服务中心网上服务大厅在线申请。留学期间档案和户口最好在同一地，方便办理各项手续。

根据教育部（中国）留学服务中心的规定，国（境）外学历学位认证是一项社会服务，不具备强制性。留学生可以根据自己的实际需要，自行申请。教育部（中国）留学服务中心可根据申请人的自主申请，依据《教育部留学服务中心国（境）外学历学位认证评估办法》对境外颁证机构的合法性、文凭证书的真实性、国（境）外文凭证书与我国学历学位的对应关系提供咨询意见，以便于协助申请人满足国内升学及就业等相关需求。因私出国的毕业生，由学校督促该生提供档案接收单位信息，及时将档案转出。

目前国（境）外学历学位认证服务申请方式已变成在线申

请，不需要到现场提交材料。申请人可以登录http：//zwfw.cscse.edu.cn/进行注册，上传相关材料并提交认证申请和缴纳认证费用。认证结果也会以电子证书的形式发放，不再提供纸质证书。申请人可登录教育部（中国）留学服务中心网上服务大厅，查看认证材料清单。需要注意的是，部分国家的学历学位认证申请需要学生提供额外的材料，请仔细对照相关留学目的国的特殊材料要求，保存好相关材料。

（3）支教（边）、考上"大学生村官"和其他特殊情况。对到西部县以下基层单位和边远地区就业的高校毕业生，实行来去自由的政策，户口可留在原籍或根据本人意愿迁往就业地区；人事档案原则上统一转至就业单位所在地的县级政府人力资源和社会保障部门，由公共就业人才服务机构提供免费人事代理服务；党团组织关系转至就业单位，在工作期间积极要求入党的，由乡镇一级党组织按规定程序办理。如果毕业后考上"大学生村官"，在合同期内，档案将由学校转至选聘"大学生村官"所在地的人力资源公共服务机构统一保管。

如果考公考编，档案怎么存放？如果是应届毕业生，请咨询所在学校相关部门，档案可以放在学校。但是档案只能在学校存放两年。这两年是毕业生择业期，通过相应考试后即可办理相关档案手续。

（4）其他情况。学籍变动，如学生转学、退学、肄业、结业、死亡等。学籍管理部门应及时通知学校相关部门办理档案转递手续。在该生办理离校手续后，学校联系学生或直系亲属提供档案接收单位信息，及时将档案转出。学生档案一般不得以普通函件邮寄或交由本人自带。学生转学（转入和转出）、校内转专业、留级、下编、延期毕业的，学籍管理部门应当及时将学生学籍变更通知书送达相关部门，及时按照规定做好学生档案的整理和转递等工作。

毕业后未找到用人单位。如果没有找到心仪的用人单位，可将档案转至毕业生的生源地或经学校同意暂时留在学校，按照政策学校只代为保管两年。如果超过两年未落实工作单位，学校会将档案发回原户籍所在地公共就业人才服务机构保管。档案不允许个人保存。

毕业时应征入伍。被确定为预征对象的高校应届毕业生，回入学前户籍所在地应征的，将户口迁回入学前户籍所在地，档案转到入学前户籍所在地人才交流中心存放。在学校所在地应征的，可将户籍和档案暂时保留在学校。高校应届毕业生批准入伍后，其户口档案予以注销，档案放入新兵档案。

原毕业生退出现役。高校应届毕业生入伍服义务兵役退出现役后一年内，可视同当年的高校应届毕业生，凭用人单位录（聘）用手续，向原就读高校再次申请办理就业报到手续，户档随迁（直辖市按照有关规定执行）。

进入私企、外企（如图5-1所示）通过机要交通或派专人送取，不准邮寄或交本人自带。对转出的档案，必须按统一规定的"企业职工档案转递通知单"的项目登记，并密封包装。对转出的材料，不得扣留或分批转出。接收单位收到档案核对无误后，应在回执上签名盖章并将回执立即退回。逾期一个月转出单位未收到回执应及时催问，以防丢失。

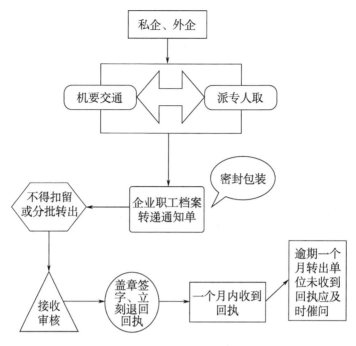

图 5-1　进入私企、外企档案转递示意图

◆ 进入外企、私企档案存放。2021年12月29日由中共中央组织部、人力资源社会保障部、财政部、国家邮政局、国家档案局联合发布的《流动人员人事档案管理服务规定》，规定流动人员人事档案管理服务机构（以下简称"档案管理服务机构"）包括县级以上（含县级）人民政府设立的公共就业和人才服务机构，以及经省级人力资源社会保障行政部门授权的单位。其他任何未经授权的单位不得开展流动人员人事档案管理服务工作。严禁个人保管本人或他人人事档案。跨地区就业创业流动人员的人事档案，可由其户籍所在地或现工作单位所在地的档案管理服务机构管理。

◆ 自主创业档案存放。①学校。国家规定在毕业生毕业后的两年择业期间是可以把档案托管在学校的。②户籍所在地的人力资源

137

中心。这里是专门处理人事业务的，也托管了很多暂时无法处理自己档案或者在外地无法办理人才落户的人员的档案。

🖂 有问必答

问：在校生个人档案可以离开学校吗？

答：学生毕业或被取消学籍前，原则上不得将学生档案全部或部分提前转递到其他单位或部门。因退学、转学、取消学籍等情况提前离校的学生，应凭教务处出具的退学、转学、取消学籍等证明材料和本人有效身份证件及时办理档案调出手续。

问：学生自己拿到档案后该如何处理？

答：毕业生的档案是不能放在自己手里的，也千万不要把档案留在自己手里，更不能拆封档案。毕业生的人事档案属于国家法定、强制执行、管理的公共信息，个人不得截留和销毁。

问：谁能保管高校毕业生档案？

答：非公单位就业和暂未就业的高校毕业生档案，可以存放在档案管理服务机构，包括县级以上人社部门所属的公共就业人才服务机构以及经省级人社部门授权管理流动人员人事档案的服务机构。

问：高校毕业生档案存放是否收费？

答：不收取费用。自2015年1月1日起，已取消收取人事关系及档案保管费、查阅费、证明费、档案转递费等名目的费用。

问：档案内的信息有变化，需要更新吗？

答：档案管理服务机构依据档案材料提供服务，如相关部门形成新材料，应及时进行归档。对高校毕业生而言，要及时将反映政治面貌、工作经历、教育培训、职业资格、职称等材料以及工作变动中形成的劳动合同、企业录用手续、就业登记、劳动用工备案等材料主动移交给档案管理服务机构。档案管理服务机构将材料甄别整理后进行归档。

问：如果辞职、再就业，档案存放在哪里？

答：档案在户籍地档案管理服务机构存档的，可继续由原机构保管。档案在就业地档案管理服务机构存档的，应及时转递至户籍地或根据新工作单位性质，转递至新工作单位或新就业地档案管理服务机构。转档手续可以在档案管理服务机构窗口办理，也可以在相关线上平台办理。

问：如何线上办理档案相关服务？

答：2021年年底，全国跨地区流动人员人事档案管理服务运行平台上线，支持档案基础信息数据已被上传至平台的流动人员在线办理档案转递接收等高频服务，也可以查询相关存档信息。具体业务可注册登录全国人力资源和社会保障政务服务平台，在"跨省流动人员人事档案管理服务"专栏进行办理。

问：档案如何查询和管理？

答：查询自己档案的位置，可以通过以下几种方法：

教育部门已建立高校毕业生去向登记制度，高校按照毕业生填写的毕业去向信息转递档案。毕业生可通过原就读高校相关部门查询档案转递信息，也可以通过全国人力资源和社会保障政务服务平台查询，即访问该平台，创建账号并在"就业创业"板块的"跨省流动人员人事档案管理服务"区域进行查询。平台支持已上传数据的流动人员在线查询档案状态。

联系户籍地公共就业服务机构查询。机构的联系方式可通过上述平台获得。

问：本市流动人员人事档案由哪个部门管理？

答：各区就业促进中心、街道（镇）社区事务受理服务中心等公共就业服务机构按照分级分类管理要求，根据户籍所在地属地化管理原则对本辖区流动人员人事档案进行管理。

问：学生档案寄送地址填写有什么注意事项？

答：学生须按EMS（邮政特快专递服务）要求准确填写档案收件地址（务必详细填写省市区县，以及街道名称、门牌号码等信息）、收件单位（务必准确填写有档案管理权限的单位全称）、收件人、收件人电话（手机）号码等信息，确保档案准确投递。一定要先核对收件人和收件电话是否正确，地址是否更换，以免档案退回或遗失的情况发生。

四、学生档案转递规范

1.学生档案转递的要求

学生档案属于机密材料且流动性强，当学生升学、毕业、就业、退学、转学、结业、肄业时，学生档案将随学生身份的变化转出学校，在转递时要遵循一定的要求。

（1）合格。学生档案转出前要进行再次审核，对归档材料进行详细登记。要求档案材料信息准确、材料齐全、手续完备、整理规范，不符合要求的档案要进行认真整改。转递的学生档案必须保持完整，不允许分批转递或部分留存。接收单位对接收的学生档案要严格审核，不符合要求的要及时反馈存在的问题并将档案退回整改。

（2）及时。学生档案管理部门在学生毕业时要及时完成档案的整理、转出工作，接收单位收到学生档案要及时进行档案审核并将审核发现的问题及时反馈给学校。

（3）安全。学生档案必须严密封装，已与邮政部门签署协议的高校，毕业生档案可采用EMS形式转递。转递时档案材料要用统一的信封封装，再装入专门制作的有"高校毕业生档案专用"标志的统一封套，在封套表面认真填写寄出单位和寄往单位信息，并在封口处加盖寄出单位骑缝章。涉密学校、涉密专业和到涉密单位、机关、国有企事业单位就业的毕业生档案，应通过机要通信或派专人转递。学生档案不能以平信、挂号信、包裹等方式公开邮寄，也不能交本人自带，如需本人自带，应由相关档案管理部门进行审核封装并加盖印章。本人不得私自拆封，接收单位发现档案有拆封痕迹的，要会同原学校调查核实。

（4）规范。学生档案转递单位和接收单位应当严格履行转递手续，详细核对每份材料，做好交接清单。

EMS高校毕业生档案专用封套如图5-2所示，档案转递注意事项如图5-3所示。

图 5-2　EMS 高校毕业生档案专用封套

学习形式：＿＿＿＿　层次：＿＿＿＿＿　专业：＿＿＿

注　意

1、此系学生学习档案，须交本人工作单位人事部门保管。
2、档案属保密件，任何人不得私自拆封。
3、涂改无效，遗失无补。

图 5-3　档案转递注意事项

2.高校毕业生人事档案的管理机构及管理范围

（1）高校。高校毕业生的人事档案的主要组成部分是学籍档案，而学籍档案是高校毕业生在校期间经历的证明，主要形成于学生在校期间，由学校档案馆统一管理。高校保存管理的毕业生档案从严格意义上来说并不是人事档案，而只是学籍档案。

（2）用人单位。具有人事管理权限的单位可以保存和管理高校毕业生的人事档案。这类单位主要是国家机关以及有人事管理权限的国有企业和集体企业，高校毕业生是可以把档案保存在这些单位的人力资源部门或档案室的。

（3）人才交流中心。除了国家机关、有人事管理权限的国有企业和集体企业之外，民营企业、合资企业、外商投资企业、乡镇企业都是无权管理人事档案的，和这些单位签订就业协议的高校毕业生就需要把档案托管在单位人事部门所属的各级人才交流机构或人事代理中心，如果单位统一托管的就由单位统一托管，单位不统一托管的则要由毕业生自己委托人才交流机构保管。

🌐 知识链接

人力资源社会保障部办公厅和教育部办公厅于2023年发文《关于积极稳妥做好高校毕业生档案转递接收工作的通知》（人社厅发〔2023〕20号），要求积极做好档案接收工作。要求档案管理服务机构加强高校毕业生档案接收工作，合理安排工作力量，按规定做好材料甄别、整理和档案入库管理工作。

档案管理服务机构在办理档案接收手续时，可根据高校毕业生姓名和转递编号，在全国高校毕业生毕业去向登记系统查询核验毕业去向登记信息。

要求落实档案接收告知承诺制，对缺少关键材料的，经与高校协商退回并补充材料，或一次性告知所缺材料及其可能造成的影响，高校毕业生作出书面知情说明、承诺补充材料后予以接收；对缺少非关键材料的，采取先存后补方式予以接收。关键材料一般是指用于核定存档人的出生日期、参加工作时间、入党时间、学历学位、工作经历等重要信息的材料。

对到集体立户用人单位就业的高校毕业生，将其档案纳入用人单位集体账户保管，提高管理服务效率。及时采集档案基础信息，并上传至全国跨地区档案管理服务平台，方便高校毕业生查询办事。

有问必答

问：初次就业流动人员如何办理转正定级手续？

答：不需要办理转正定级。根据《人力资源社会保障部办公厅关于简化优化流动人员人事档案管理服务的通知》（人社厅发〔2016〕75号）文件规定，对初次就业流动人员取消办理转正定级手续。取消转正定级材料后，机关事业单位和国有企业在招考、聘用、招用流动人员时，可参考档案中的劳动合同、企业录用手续等材料及就业登记、劳动用工备案、社会保险缴费记录，认定参加工作时间和工作年限。

案例解读

"口袋档案"及死档的危害性

某生为2009年毕业生，毕业前夕，与某市一家公司签订了就业协议，学校按照本人提供的地址将其档案邮寄到就业单位。该生在签约单位A工作没多久就离职了，又先后换过几家公司。他从签约单位A将档案转出后一直保存在自己家里。几年后该生参加公务员考试，因档案在个人手上无法完成公对公函调，也就无法完成政审工作，最终影响了录取。

一些毕业生在走出校门后光忙着就业，忽视了档案的接转，将档案从学校取出，放进自己的口袋，而非存放到人才市场，形成了"口袋档案"，给自己的工作生活带来了不必要的麻烦和损失。

人事档案对毕业生的作用非常重要，处理不好会给毕业生带来以下影响。

一是耽误职称评定和工作调转。有的毕业生自从大学毕业后，就一直自己拿着档案，没往单位交，也没有存在人才服务中心，结果评职称时往往因为档案不在、手续不全没有被评上。二是影响毕业生社会保险等的办理，如办理社会保险、领取失业金或退休金等，个人档案记录的工龄、工资、待遇、职务、社保受保时间等都是以档案为依据的。毕业生放弃个人档案或把档案变为"口袋档案"会造成记录断档，对个人利益造成损失。三是考研考博、考公务员、转正定级以及出国等，都需要政府所属人才市场开具相关证明，没有档案无法办理这些证明。

因此，高校毕业生应按照相关规定，毕业后在找工作的同时及时把档案转入政府所属人才流动服务机构保存，确保自身的合法权益和应有的社会、政治待遇得到保障。

第六章

学生档案的整理保管

2008年，《高等学校档案管理办法》的颁布表明了国家对高校档案管理工作的重视，学生档案是其中重要的组成部分。学生档案作为人事档案的前身，对学生毕业后的工作和生活都有重要意义。因此，为了加强高校学生档案管理，实现学生档案管理的制度化、规范化、科学化，提高学生档案管理水平，有效地建立、保护和利用学生档案，充分发挥学生档案在学生教育、管理以及就业中的作用，保障学生的正当权益，在学生档案管理过程中，必须严格遵守国家法律法规，认真执行《档案法》《保密法》《高等学校档案管理办法》等相关法律法规，结合学校学生档案工作实际，完善学生档案管理服务体系，坚持档案管理的真实性、完整性、安全性、规范性原则，确保学生档案的连续、完整与安全。

一、学生档案的管理模式

高校学生档案形成涉及学校多个职能部门，归档内容多、档案数量大、存放时间短、流动速度快、利用范围广、质量要求高，对学生档案管理水平的要求也越来越高。学生档案管理是指运用科学规范的原则以及方法对学生档案进行收集、补充与整理、保管、转递、利用等活动，目前主要有两种管理模式，一种是分散式管理模式，一种是集中式管理模式。

1.分散式管理模式

分散式管理模式主要是学生档案按照其内容或性质分别保存在学校内部相关部门，由这些部门各自负责管理。比如将学生档案根据档案性质分散到学生工作处（学工部）、招生就业处、教务处、校组织部等职能部门管理，或者将学生档案归于学校各院、所（中心）的学生工作办公室保管，由学生辅导员来进行管理。一般情况下，学校档案馆不介入学生档案的接收、保管和转递。

在这种管理模式下，学生的档案材料暂时在职能部门保存，方便校内外各部门整理、查询、利用本部门管理的学生档案资料，精准服务程度高；但管理人员专业素质不足，学生个人档案材料分散保管，破坏了学生档案的整体性，每个部门管理的标准也不统一，不利于档案的规范化管理和档案信息化建设，也给跨部门、跨单位档案利用带来麻烦，难以实现信息共享。

2.集中式管理模式

集中式管理模式主要是将学生档案集中保存在学校档案馆，由档案馆管理人员统一管理。以北京联合大学学生档案管理为例（如图6-1所示），新生入学之初，各学院将新生档案收齐后按照规定的流程和标准统一移交给学校档案馆集中保管；等到毕业季，各学院将学生在校期间形成的相关档案材料按规定流程和标准移交学校档案馆，然后由学校档案馆通过EMS标准快递进行转递。学生在校期间形成的党团材料、士兵服役材料、奖惩材料和一些其他的零散档案材料一般由各学院按照规定移交校档案馆。

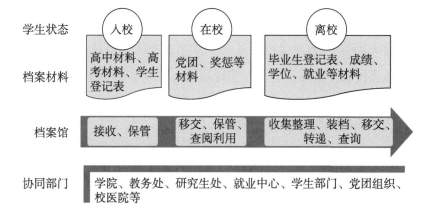

学生状态　　入校　　在校　　离校

档案材料　高中材料、高考材料、学生登记表　党团、奖惩等材料　毕业生登记表、成绩、学位、就业等材料

档案馆　接收、保管　移交、保管、查阅利用　收集整理、装档、移交、转递、查询

协同部门　学院、教务处、研究生处、就业中心、学生部门、党团组织、校医院等

图6-1　档案集中式管理模式

这种管理模式下，档案集中，标准统一，管理规范，管理人员专业素质较高，档案保存更加安全，档案信息开发利用和信息资源共享程度高，但同时档案利用流程手续相对烦琐，对档案保管的软硬件设施要求也更高。

🌐 知识链接

我国在二十世纪八十年代末颁布实施的《普通高等学校档案管理办法》（1989年）中，明确指出学生档案材料的归档要按国家档案局和国家教育委员会制定的《高等学校教学文件材料归档范围》（1987年）执行。国家教育委员会在《高等学校档案实体分类法》（1994年）中的教学工作类别里，进一步明确了学校学生学籍管理、学位授予、应届毕业生信息整理等有关学生档案的内容。教育部在《普通高等学校学生管理规定》（2005年）中，首次提出对学生的奖惩材料，学校应当完整地归入文书档案和学生本人档案。

在总结以往工作的基础上，为规范高校档案工作，提高高校档案管理水平，有效保护和利用档案，强化服务宗旨，教育部和国家档案局于2008年8月联合颁布了《高等学校档案管理办法》。将学生档案独立设类，高校学生档案管理被纳入高校档案管理范围。

二、学生档案的整理规范

为了适应新时代干部人事档案的管理需要，提高学生档案管理水平，不能只是简单地将学生档案收集起来加以存放，而是要定期对学生档案进行整理，这是学生档案管理的基础工作之一，也是学生档案规范化管理和提供利用的一个重要环节。学生档案整理主要是将已经接收的学生档案材料，按照有关要求进行材料鉴别、分类排序、整理加工、材料编目等，并在此基础上，不断对后期新增的学生档案散材料进行补充整理。

1.学生档案整理的方法

档案整理一般有两种方法：一是档案管理人员在日常工作中对新接收的档案或者材料进行立卷、归档等工作；二是管档单位在一定时间内抽调有关人员，集中时间、集中人力进行档案材料的整理。

根据高校学生档案材料收集和管理的特点，一般采取集中时间、集中人力进行整理归档的方法，以提高学生档案管理工作的效率。

2.学生档案整理的范围

学生档案整理是一项经常性的工作，学生档案形成后不是一成不变的，而是动态的，随着个人学习经历、生活经历的变化，学生档案也会不断变化，当变化达到一定程度的时候，已经建立的学生档案由于补充了新材料就需要重新整理。

学生档案的整理按工作范围主要可以分为三种类型，涉及学生在校期间的学生档案材料全部接收和管理过程。《干部人事档案工作条例》强调对干部档案要"凡进必审""凡转必审",这一要求可以作为学生档案整理的工作参照。

（1）对新生整卷档案的整理。新生入校三个月内,一般由院系负责审核整理新生档案中的相关材料,形成新生档案,并由院系转交学生档案管理部门归档入库保管,形成在校生档案。这是参照干部人事档案的管理标准,比较初步地对学生的原有档案进行清点、审核、整理和登记,明确学生的高中材料、高考报考材料、党团材料、学生入学材料等是否按要求装入档案,是否有档案缺失,是否存在档案错装、漏装等情况,主要查看相应的学历学位材料是否齐全（按照学历高低和类别的不同,对相关的学历学位材料收集要求不同）。材料如果不全,会导致未来学生学历学位无法认定、存有异议或涉嫌造假等情况。

在对每一卷学生档案进行清点审核后,要依据内容明细,记录存在的问题,并及时反馈给学生,敦促缺少材料的学生尽快补齐,在源头对学生档案的质量进行控制。

（2）对在校生补充材料归档的局部整理。学生在校就读期间,会新产生各类材料,如奖惩材料、党团材料、学籍异动材料等,需要定期将新产生的散材料进行整理后补充到学生档案中。通常由院系档案管理员将各培养单位、职能部门出具的学生在校期间产生的档案材料进行收集审核,并与学生档案管理部门的工作人员交接,将这些新产生的散材料补充到学生档案中,对原有的学生档案进行局部整理。学生档案管理部门在接收材料时,需要对这些材料进行质量审核,重点查看材料是否完整准确填写,签字、印章等手续是否齐全，字迹是否清晰、有无涂改。

（3）对毕业生档案集中批量整理。每年六月到七月，学生毕业离校前，高校学生档案管理部门会集中时间、集中人力对所有毕业生的档案进行集中管理，这是比较系统、全面的整理。主要审核就读期间档案材料是否已经完整齐全并装档、有无重名学生档案错装现象、档案密封是否严密等。整理完毕，毕业生档案将被密封并邮寄到新的单位。转学、退学、结业、肄业的学生，其档案参照毕业生档案进行管理。

3.学生档案整理工作的要求

依据干部人事档案整理工作的要求，整理学生档案须做到认真鉴别、编排有序、目录清楚，通过整理，使每卷档案达到完整、有序、精练、实用的要求。

（1）完整。将一个学生的材料全部集中在一起，确保每份档案内容完整、时间来源清楚、有头有尾、不缺张少页、手续完备，如果是系列材料，保持材料系列的完整。只有没有空白和断档现象，才能全面地反映一个人的德能勤绩和经历。

（2）有序。依照有关规定，将学生档案分门别类、有序排列并编制目录。材料应按照固定顺序整理和归档，如按照时间、类型或主题分类，使学生档案材料层次分明、井然有序。

（3）精练。在完整、真实的基础上，清理出重复、不属于学生档案的材料以及没有保存价值的材料，使学生档案内容集中、简洁。

（4）实用。学生档案的整理要以方便利用和将来转化为人事档案为出发点，对档案内容的分类、排列和加工都以便于开展各项利用工作为原则。

4.学生档案整理的步骤

一般学生档案按照材料分类、排序、编目、整理加工、验收几个步骤进行整理。

（1）材料分类。在对学生档案材料进行分类时，首先要对前期鉴别过的材料进行复核，保证材料是同一人的，并防止不符合要求的材料归入学生档案，然后再进行材料分类。《干部人事档案工作条例》将人事档案的内容划分为十个大类（具体内容详见第一章），学生档案可以借鉴人事档案的分类原则。

（2）材料排序。经过归类，将每类材料按一定的顺序排列起来。排列的原则一般是保持材料之间的系统性、连贯性，方便档案的利用并不断补充新的档案材料。

学生档案材料的排列方法一般有三种：①时序法。按照材料形成时间的先后顺序进行排序，由远及近，依次排列。用这种方法可以比较详细地了解、掌握学生成长和发展情况，同时有利于新材料的补充。适用于履历类、奖励类材料。②系统法。按材料内容的主次关系、重要程度进行排序，主次分明。适用于党团类、处分类材料。③混合法。结合时间顺序进行排列，适用于一类材料里有多套系列材料的情况，比如学历学位、职业技术职务（职称）类材料。

（3）材料编目。学生档案材料的编目是指编写案卷内的学生档案材料目录，要认真按照排列顺序，逐份逐项进行填写。目录具有重要的作用，它是档案材料登记和统计的基本形式，能检查已归档的材料有无遗失，可以固定案卷内各类材料的分类体系和类内每份材料的排列顺序，同时介绍每份材料的内容名称，便于查阅利用。

因此，材料编目有助于维护学生档案的完整性和安全性。

（4）整理加工。整理加工是一种辅助手段，是对单份材料的加工，目的是最大限度延长档案的寿命，便于档案装订、保管和利用。整理加工的方法主要有复制、修复、加边、折叠、剪裁等。

（5）验收入库。验收是对排序整理好的学生档案材料，按照有关规定的标准，系统地检查是否合格，是学生档案整理工作的最后一道关口。档案经验收合格，方可登记入库。

案例解读

张某是某高校专升本的一名学生，在专科学习时期入党，本科学习时期转正。他在毕业后进入私企工作，一直未留意自己的档案。工作多年后他考入国企，在政审的时候发现自己在专科时期的入党材料有缺失。检查其本科毕业时邮寄的学生档案，发现档案袋上的清单上党员材料一栏勾选的是"√"，但是档案袋里面只有本科阶段的党员材料。他经多方询问后仍未能找到，最后只能办理相关证明手续。

张某缺失的材料可能在几个环节出现遗漏：首先，专科毕业时没有将党员材料装入档案袋封存；其次，专科时期的党员材料因为没有转正所以没有被封存，而是单独通过张某交给本科时期的党支部，本科时期的党支部在封存档案时出现遗漏。

学校在收取学生档案时需要认真审核档案材料，不齐全的档案材料要标注清楚，及时追缴；在转递毕业生档案前学校要认真负责地进行整理，档案材料如有缺失要及时告知毕业生；档案管理部门接收毕业生档案时也要细心审核，发现问题及时告知存档人。前期的整理工作做得好，能为学校和毕业生减少很多不必要的损失和麻烦。

学生档案袋样例如图6-2所示。

北京联合大学

学 生 档 案 袋

学院＿＿＿＿＿＿＿专业＿＿＿＿＿＿＿

学号＿＿＿＿＿＿＿姓名＿＿＿＿＿＿＿

普通本科毕业生档案材料明细

序号	材料名称	件数	是否必备	备注
1	就业通知书（报到证）			
2	高等学校毕业生登记表		是	
3	北京联合大学学生登记表		是	
4	北京联合大学学生成绩单		是	
5	高中档案		是	
6	体检材料			
7	入党材料		党员、入党申请人必备	
8	团员材料			
9	奖励材料			
10	处分材料			
11	其他材料			

注：请在对应项目的"件数"栏填写阿拉伯数字

图6-2 学生档案袋样例

5.学生档案整理工作注意事项

（1）整理学生档案，必须做到认真鉴别、分类准确、编排有序、目录清楚。通过整理使每个学生的档案条理清晰、完整、真实、精练、实用。

（2）不得私自涂改、抽取或伪造档案材料。

（3）不得擅自处理或销毁档案材料。整理中按规定剔除的档案材料须进行登记，经主管领导审查批准后分情况予以处理。

（4）在整理档案过程中，要加强对档案材料的管理，防止损坏、丢失档案材料和泄露档案内容。

🌐 知识链接

为了全面落实国务院办公厅《关于进一步做好高校毕业生等青年就业创业工作的通知》（国办发〔2022〕13号）等文件要求，人力资源社会保障部办公厅和教育部办公厅于2023年发文《关于积极稳妥做好高校毕业生档案转递接收工作的通知》（人社厅发〔2023〕20号），全面落实取消就业报到证政策要求。从2023年起，不再发放"全国普通高等学校本专科毕业生就业报到证"和"全国毕业研究生就业报到证"（以下统称"就业报到证"），取消就业报到证补办、改派手续，取消高校毕业生离校前公共就业人才服务机构在就业协议书上签章环节，取消高校毕业生离校后到公共就业人才服务机构办理报到手续，不再将就业报到证作为流动人员人事档案的必需材料。之前档案材料中的就业报到证应继续保存，缺失的无需补办。

三、学生档案的保管规范

高校学生档案保管是以安全保密为基本原则，以提供利用为最终目的对学生档案进行科学保护和管理的工作，主要涉及档案的存放、日常维护和安全防护等管理工作。

对学生档案进行科学的保护和管理是学生档案保管工作的主要内容，应遵循以下基本原则。

1.档案保管

（1）查（借）阅档案时，利用者要认真履行利用登记手续；归还档案时，工作人员要认真检查，发现有污损、涂改、抽页等情况，应立即查清原因，及时解决，对情节严重的，要追究责任，严肃处理。检查完毕的档案应及时放回原处。

（2）按照规定对学生档案进行登记、编号，并依据一定的原则编制档案清册。

（3）建立健全严格的档案库房管理制度和岗位责任制，包括档案的接收、保管、利用、转递等流程；定期检查档案的完整性与准确性，严防错装、错放、错借、错转等现象。如发现损坏、丢失、泄密等，及时采取有效措施。做到有规可循，有章可依，保障学生档案的完整性与安全性。

（4）严防档案遗失，定期进行档案案卷的清点和统计，每学期盘点一次，做到账物相符，消除安全隐患，发现问题要及时汇报并解决。

（5）控制库房内的温度和湿度，做好防盗、防火、防潮、防尘、防虫鼠等安全保障工作，防止学生档案被损毁或破坏。对已经遭受破坏的学生档案，及时补救、修复、复制。

（6）加强学生档案库房和其他保管设备的建设和管理，设置专门的档案库房、阅档室，逐步实现保管工作的科学化和现代化。

（7）库房是保存档案的机要重地，无关人员不得随意进入库房。因工作需要进入时，须由档案工作人员陪同。

（8）档案工作人员遇有工作调动，要办理好移交手续。

2.档案保密

（1）学生档案应严密、科学保管，严格限制档案的查阅和借阅权限，实施档案查阅的审批流程，记录每一次查阅和借阅，确保档案使用的合规性，杜绝毁损和泄密。

（2）档案工作人员要严格遵守国家相关法律、法规，不断增强档案安全保密意识。

（3）保密档案的利用要严格按照国家和学校有关规定办理。严格控制密级档案的阅读范围，管理人员不得随意泄露档案内容，不得擅自传播、复印、抄录、公布、倒卖、携运出境属于国家和学校所有的档案和档案复制件；未经批准，不得私自将档案带出库藏和擅自销毁档案材料。

（4）加强档案安全管理。严格把好档案材料的移交、接收、查阅、借出、销毁等环节，认真履行登记、审批、签字、转交手续。

（5）废弃的档案材料复制件不得随意丢弃，应粉碎或集中销毁。

（6）档案利用服务中，做好档案材料中个人信息安全的保护。

（7）凡违反保密制度者，按国家有关规定处理。

有问必答

问：毕业生档案丢失或损毁怎么办？

答：当毕业生遇到档案丢失、损毁等问题时，有如下的解决方法可供参考。

1.联系相关机构查找

如果找不到自己的人事档案了，可以和户口所在地的人力资源公共服务中心、街道办事处联系查找；如果没有，可以和参加工作前就读的最后一个学校的相关部门联系，也可向生源地的毕业生就业工作部门咨询。对于毕业时间较长且已经多次变换工作的人，要向最近的就业单位或自己确认曾存档的单位或存档机构进行咨询。

2.补办档案

档案补办流程一般包括以下步骤。

①在工作单位和毕业学校（包括高中、大学）开具学籍档案遗失或者是失效的证明，加盖公章；

②到人事局开具档案激活或者是补办的申请；

③按照档案内所需要的材料到学校等地一一补办；

④提交身份证复印件等个人资料后进行档案激活或者补办；

⑤由档案接收机构进行档案审查，确认档案合格且齐全无遗漏后封存，补办完成。

步骤流程如图6-3所示。

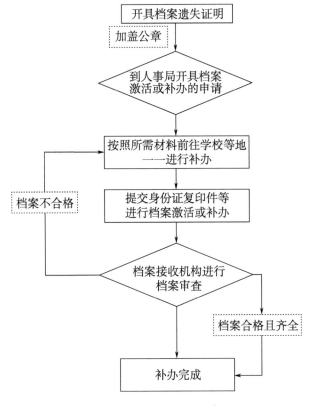

图6-3 档案补办流程示意图

问：在实际操作中档案补办会面临哪些阻碍？

答：高校方面会遇到一些难题。一是仅凭一纸证明，很难确定档案到底丢没丢；二是档案材料补办费时费力，即使是档案证明也涉及多方考证；三是很明显是"弃档"的，却以"遗失"为由办理档案证明，存在人事管理上的风险和隐患。

问：毕业生对自身档案应持怎样的态度？

答：毕业生一定要提高自身的档案意识，加强对自己档案的重视程度，不要遗失或损毁档案，也不能自己保管档案。毕业生档案管理者也要增强意识，确保档案实体的安全，保持与高校、毕业生之间的信息沟通，提高档案利用率，让毕业生档案真正发挥人事档案的价值和作用。

参考文献

［1］胡弄娥：《信息化背景下高校学生档案收集工作探析》，载《科技创业月刊》2017年第11期。

［2］王忠泽：《从"补档"现象谈高校档案收集归档工作》，载《重庆科技学院学报（社会科学版）》2023年第2期。

［3］马世仙：《高校学生档案收集整理问题研究》，载《兰台内外》2018年第12期。

［4］宋文超：《高校学生个人档案材料收集规范》，载《办公室业务》2018年第17期。

［5］宋文超：《基于生命周期理论的高校学生档案管理——以北京外国语大学为例》，载《兰台世界》2018第9期。

［6］高阳、赵君怡：《高校学生档案材料归档问题研究》，载《办公室业务》2023年第6期。

［7］朱蓉：《信息化时代高校学生档案规范化管理研究》，载《兰台世界》2021年第3期。

［8］孟涛：《高校学生档案管理模式研究——以山西大学学生档案管理为例》，载《山西档案》2022年第4期。

［9］北京联合大学档案（校史）馆著：《高校档案工作实践操作指导手册》，中国政法大学出版社2019年版。

［10］李小婷编著：《人事档案管理实务》（第二版），复旦大学出版社2019年版。

［11］本书编委会编：《人事档案管理实务》，中国电力出版社，2017年版。

［12］李玲：《论高校毕业生人事档案管理存在的问题及解决对策》，安徽大学2012年硕士学位论文。

［13］傅丽萍：《干部人事档案制度的变迁与改革——以建立公共人事档案制度为方向》，南京大学2012年硕士学位论文。

后　记

　　岁月如歌，档案留痕。学生档案是记述和反映学生个人经历和德能勤绩、以学生个人为单位集中保存起来以备查考的文字、表格及其他各种形式的历史记录，是高校档案管理的重要组成部分。本书编著源于一个朴素的想法，就是普及学生档案实操技能，增强大众对学生档案的管理意识，推动教育事业高质量发展，促进社会繁荣稳定。

　　档案存史，资政育人。由于目前学生档案还没有明确的、全国统一的管理标准和规范，《学生档案管理实操手册》参照《干部人事档案工作条例》及其他干部人事档案管理相关规定，依据就业部门相关政策，结合用人单位考察实际需求等情况，以应用为导向，紧紧围绕学生档案的重要意义、收集形成、服务利用及规范管理等主题，对学生档案的收、管、存、用等实践环节进行了全面详细的梳理，并穿插"案例解读""知识链接""有问必答"等板块，力求图文并茂，通俗易懂，操作性强，以期更好地服务学生成长成才。

　　人人为档案，档案为人人。为了更立体、更完整、更全面地展现学生档案管理实操功能，我们汲取了相关专家、学者的研究成果，搜集了大量相关素材，在此对本书知识贡献者表示深深的感谢。同时感谢北京联合大学档案（校史）馆、学生处、研究生处、各学院在学生档案管理实践中所贡献的智慧和力量。感谢研

后记

165

究出版社编辑们从策划到出版所做的大量工作。

　　书中疏漏不妥之处在所难免，恳请广大读者批评指正，以待日后补正。

编　者

2024年7月